Studying Chemistry in English
영어로 화학

원서보다 먼저 읽는 영어로 화학

2013년 4월 26일 초판 1쇄 발행
2024년 3월 1일 초판 5쇄 발행

지은이 원서읽기연구소
펴낸곳 부키(주)
펴낸이 박윤우
등록일 2012년 9월 27일 등록번호 제312-2012-000045호
주소 서울시 마포구 양화로 125 경남관광빌딩 7층
전화 02) 325-0846
팩스 02) 325-0841
홈페이지 www.bookie.co.kr
이메일 webmaster@bookie.co.kr
제작대행 올인피앤비 bobys1@nate.com
ISBN 978-89-6051-297-9 14740
       978-89-6051-293-1 (세트)

책값은 뒤표지에 있습니다.
잘못된 책은 구입하신 서점에서 바꿔 드립니다.

원서보다 먼저 읽는
영어로 화학
원서읽기연구소 지음

이다새

Studying Chemistry
in English

1 Introduction for the Learners

왜 원서 읽기에 실패를 거듭하는가?

흔히들 영어 원서 읽기를 '로망'으로 생각하곤 합니다. 하지만 대학에서 전공 공부에 충실하겠다고 결심한 이들이나 필요에 의해, 혹은 취미로 특정 분야의 지식을 혼자 공부하려고 하는 이들에게 해당 분야의 영어 원서 읽기란 '로망'이 아니라 반드시 갖춰야 할 '필요조건'이자 '소양'입니다.

그럼에도 영어 원서 읽기가 '로망'으로 치부되는 데에는 그만한 이유가 있습니다. 사실 상당수 대학에서는 수업 중에 영어 원서 교재가 사용됩니다. 심지어 일부에서는 아예 '원서 강독' 같은 과목을 개설하여 영어 원서 읽기를 독려합니다. 하지만 실제로 영어 원서를 끝까지 읽는 데 성공하는 경우는 열에 하나가 되지 않는 것이 현실입니다. 그러니 영어 원서 읽기가 '로망'이 될 수밖에요.

왜 이렇게 많은 사람들이 영어 원서 읽기에 실패하는 걸까요? 기초가 부족해서 그런 걸까요? 그렇다면 수능 영어 성적을 1등급으로 받은 학생들이 영어 원서 읽기에 실패하는 이유는 어떻게 해석해야 할까요? 사실 영어 원서를 읽는 데 실패하는 이유는 따로 있습니다.

첫째, 기초 용어에 대한 지식이 너무나 부족하다.

화학을 예로 들어보겠습니다. 여러분은 이미 원자도 알고, 분자도 알고, 화학반응식도 알고, 화학결합도 알고, 주기율표도 알고, 원자 오비탈도 알고, 탄소화합물, 탄화수소도 알고 있습니다. 하지만 **atom, molecule, chemical equation, chemical bond, periodic table, atomic orbital, compound** of carbon, hydrocarbon이 그에 해당하는 단어라는 것도 알고 있나요? 이렇게 기초 용어에 대한 지식이 부족하면 원서 읽기는커녕 사전에서 단어 찾기에 급급하게 됩니다. 그러다 보면 단어를 찾다 지쳐 영어 원서를 고이 모셔 두게 되고요.

둘째, 표현이나 설명 방식이 낯설 때가 많다.

화학을 예로 들어보겠습니다. 여러분은 분자 질량이 무엇인지 이미 알고 있습니다. 하지만 분자 질량에 대한 설명이 "The Molecular mass is the sum of the atomic masses of all the atoms present in one molecule of that compound."라고 나오면 곤혹스러워집니다. 왜냐하면 이 설명을 '분자 질량은 화합물인 한 분자에 존재하는 모든 원자들의 원자 질량의 총량이다.'라고 우리말로 번역해도 내용을 단번에 파악하기 쉽지 않은데, 영어로 접하면 더욱 어렵게 느껴지기 때문입니다.

셋째, 모르는 내용을 접해야 하는 경우도 많다.

물론 우리말로 쓰인 책이라면 별 문제가 없습니다. 무슨 말이지, 잘 모르겠는데… 하면서도 차근차근 반복해서 읽다보면 어느 순간, 어느 정도 감이 오게 마련이니까요. 하지만 영어 원서의 내용은 파악하기가 쉽지 않습니다. 왜냐하면 내용을 잘 파악하지 못하는 이유가 단어를 몰라서 그러는 건지, 표현이나 설명 방식이 낯설어 그러는 건지, 내용 자체를 충분히 알지 못하는 건지 제대로 파악할 수 없기 때문이죠. 사실 이 문제는 기초 용어를 어느 정도 마스터하고, 영어식 표현이나 설명 방식에 익숙해지면 충분히 해결할 수 있습니다. 우리말로 쓰인 책을 읽을 때처럼 모르는 부분은 우선 넘어가고 계속해서 차근히 읽어나가면서 파악하면 되니까요.

왜 원서 읽기에 도전해야 하는가?

이야기가 이쯤 되면 "그러면 나는 번역서를 읽으면 되겠군." 하고 생각하는 경우가 많습니다. 그렇지만 유감스럽게도 소설이나 논픽션이 아닌 이상, 번역서를 읽는 것이 영어 원서 읽는 것 못지않게 어려운 경우가 많습니다.

이것은 오역이나 표현상의 한계로 생기는 문제가 아닌 구조적인 문제입니다. 우선 학술서나 전문서에 쓰이는 우리말은 그 자체가 어렵습니다. 예를 들어 철학에서 사용되는 오성(悟性)이라는 용어는 흔히 논리적으로 설명이 어려운 정신적 깨달음으로 사유하는 능력을 뜻하는데, 영어에서는 **understanding**이라고 하고, **sensibility**(감성) 또는 **perception**(지각)과 대립하는 개념으로 사용됩니다. 어떤가요? 오성보다 **understanding**이 훨씬 더 쉽게 다가오지 않나요?

게다가 아무리 번역을 잘해도 원서의 의미를 100% 정확하게 전달할 수 없습니다. 학술서나 전문서를 제대로 번역하려면 해당 분야에 대한 풍부한 지식은 물론 우리말 표현에도 능숙해야 하는데, 이 모두를 다 갖추는 것이 현실적으로 불가능하기 때문입니다. 해당 분야에 대한 지식이 풍부한 사람은 우리말로 전달하는 솜씨가 상대적으로 떨어지기 쉽고, 우리말로 전달하는 솜씨가 뛰어난 사람은 상대적으로 해당 분야에 대한 지식이 충분하기 어렵기 때문입니다.

여기저기에서 "원서로 공부하는 게 더 쉬워!" 하는 소리가 나오는 것도 바로 이런 이유에서입니다. 하지만 번역서를 가지고 공부할 때 생길 수 있는 심각한 문제는 따로 있습니다.

첫째, 번역량 자체가 턱없이 부족하다!

우선 수많은 영어 원서들이 제때에 모두 번역되어 소개되지 않습니다. 국내에서 우리가 접할 수 있는 번역서는 그 양이 절대적으로 부족합니다. 현재 우리나라에서 매년 출간되는 약 4만 종(2102년 통계)의 도서 가운데 번역서는 약 25%를 차지하여 1만 종 정도가 출간된다고 합니다. 이는 전 세계에서 1년에 발행되는 도서 약 100만 종 가운데 국내에는 약 1% 정도만이 소개되고 있다는 의미입니다. 하루가 다르게 변화하고 발전하는 세계의 많은 지식과 정보, 그 가운데서도 책으로 엮어진 것의 1%만을 우리말로 읽을 수 있다는 의미입니다. 결국 세계의 앞선 지식을 모국어로 습득하기에는 번역량 자체가 턱없이 부족한 것이지요.

둘째, 논문은 번역 자체가 안 된다!

문제는 번역서의 종수만이 아닙니다. 인터넷의 경우, 정보의 70%가 영어로 되어 있습니다. 그뿐인가요. 과학기술논문 인용색인(SCI) 등재 저널 수의 75%, 사회과학논문 인용색인(SSCI) 등재 저널 수의 85%가 영어권 저널입니다. 이렇듯 수많은 학문적 이론이나 지식, 정보가 영어 논문의 형태로 작성되어 쏟아져나오고 있지만 이 논문들이 번역될 가능성은 거의 없습니다. 결국 영어 원서 읽기가 안 되면 이 많은 논문들은 그야말로 그림의 떡이 되는 거죠.

2 How to Use This Book

이 책은 화학을 공부하는 학생들이 화학 관련 영어 원서 읽기에 보다 수월하게 적응할 수 있도록 돕는 것을 목표로 하고 있습니다.

기초 용어 확인은 basic concept

본격적인 원서 읽기에 나서기 전에 해당 단원의 주제와 관련된 기초 용어들을 최대한 빨리 확인하고 습득할 수 있도록 영한 혼용 방식으로 구성한 코너입니다. 이 코너를 통해 여러분이 알고 있는 자연과학 관련 기초 용어들의 영어 표현을 확인할 수 있으니 가급적 사전을 찾지 말고 한번에 쭉 읽으면서 영어와 한글을 동시에 여러분의 머릿속에 입력해 보세요. 여기에 나오는 기초 용어는 이 단원에서 최소 3번 이상 반복해서 만나게 되니 굳이 따로 단어를 여러 번 쓰면서 일부러 외우지 않아도 자연스럽게 익히게 됩니다.

원서 읽기 도전은 reading chemistry

영한 대역 방식으로 원서 읽기를 훈련하는 코너로, 우리가 알고 있던 자연과학 지식이 영어로 어떻게 표현되는지 구체적으로 확인할 수 있습니다. 여기에 수록된 제시문의 내용은 대부분 여러분이 이미 공부했거나 각종 매체들을 통해 한 번쯤은 접했던 것들입니다. 그렇기 때문에 비록 전문 용어가 많고, 문장이 까다로워 보여도 차근차근 읽다보면 충분히 이해할 수 있고, 횟수를 거듭하며 읽다보면 읽는 속도가 빨라지면서 재미가 붙을 것입니다.

우리말 대역 부분에는 주요 기초 용어는 물론 까다로운 단어와 숙어, 구문까지 한글 옆에 병기해 원서 읽기에 실질적인 도움을 줄 수 있도록 했습니다. 이 부분 역시 본문을 쭉 읽어나가는 것만으로도 학습이 되도록 구성했지만,

영어 실력이 부족하다고 느끼면 우리말 대역 부분을 먼저 보고 영어 부분을 읽어도 괜찮습니다. 다만 이후로는 반드시 영어 부분을 먼저 읽되, 최종적으로는 우리말 해석에 의존하지 않고 영어 부분을 읽을 수 있기를 바랍니다.

영어 문제 훈련은 problem solving

영어로 문제를 풀어보는 코너로, 시험에서 영어로 된 문제가 나왔을 때 당황하지 않도록 하기 위해 만들어졌습니다. 이 코너를 통해 자연과학 분야의 시험 문제가 영어로는 어떻게 출제되는지 경험할 수 있습니다.

복습에 추가 지식까지 rest in chemistry

주제와 관련된 흥미로운 인물이나 사건의 에피소드를 읽으며 앞서 배운 내용을 복습하는 코너입니다. 주요 용어나 개념을 재미있게 복습하면서 이미 알고 있던 지식과 에피소드를 연결하여 배운 내용을 잊지 않도록 하는 동시에 다양한 상식을 배울 수 있도록 구성했습니다.

차례

머리말 5

1 History of Chemistry 화학의 역사 13

2 Molecular Mass 분자 질량 35

3 Chemical Equations 화학반응식 55

4 Atom 원자 75

5 Atomic Orbital 원자 오비탈 95

6 The Periodic Table of Elements 원소 주기율표 113

7 Chemical Bond 화학결합 131

8 Molecular Polarity 분자의 극성 149

9 Compound of Carbon 탄소화합물 163

10 Hydrocarbon 탄화수소 183

화학 용어 색인 202

1

History of Chemistry
화학의 역사

⚲

아주 오래전부터 사람들은 돌을 gold(금)로 만드는 것 그리고 being forever young(불로장생)하는 것에 엄청난 노력과 시간을 쏟았다. 서양에서는 이에 대한 관심과 연구가 일찍이 alchemy(연금술)로 나타났고, civilization(문명)이 발달하면서는 이를 science(과학)의 힘으로 실현시키고자 하였다.
그러던 중 scientist(과학자)들은 alchemy와는 다른 이유에서 chemical substance(화학물질)에 관심을 가지기 시작하였다. 그리고 alchemist(연금술사)에서 'al'을 떼내고 자신들을 chemist(화학자)라고 부르도록 하였다. 사실 al은 정관사 the에 해당하는 아랍어일 뿐이었는데도 말이다.

basic concept

인류와 화학
Mankind and Chemistry

Chemistry는 material(물질)의 composition(조성), structure(구조), property(성질), transformation(변환)을 연구하는 학문이다. Mankind(인류)가 가장 먼저 알게 된 chemical phenomenon(화학적 현상)은 아마도 불에 의한 combustion(연소)일 것이다. 불을 사용하기 시작한 인간은 mineral(광물)에서 copper(구리), iron(철), gold(금), silver(은) 등을 extraction(추출)을 하여 생활에 이용하였다.

Material과 material의 변화에 대한 이론을 처음으로 주장한 사람들은 Greece(그리스)의 philosopher(철학자)들이었다. 그들은 mythy system(신화적인 체계)에서 escape(탈피)하여 자연을 자연으로 설명하려고 노력하였다. 이때 등장한 여러 이론 중 Aristotle(아리스토텔레스)의 4-element theory(4원소설)는 이후 약 2000년간 chemical theory(화학 이론)를 지배하였다.

한편 Democritus(데모크리토스)는 모든 material은 변하지 않고 더 이상 나눌 수 없는 atom(원자)과 빈 space(공간), 즉 vacuum(진공)으로 consist(구성)되어 있다고 말하였다. 그러나 이러한 ancient atomic theory(고대 원자론)에서는 vacuum은 존재하지 않으며 chemical reaction(화학반응)이 일어날 때 element(원소)가 변한다는 Aristotle의 가르침과 다르다는 이유로 exclude(배척)되었다. 또 자연의 모든 것을 spiritual(영적)한 element가 없는 physical(물질적)한 element로 본다는 이유로 받아들여지지 않았다.

Hellenistic period(헬레니즘 시대) 이후 과학의 중심지는 Egypt(이집트)의

Alexandria(알렉산드리아)로 옮겨졌고 이곳에서 alchemy(연금술)가 탄생하였다. Alexandria에서 비롯된 alchemy는 이슬람 세계로 전해져 퍼져나갔고 12세기 이후 유럽으로 disseminate(전파)되었다. Alchemy는 mysticism(신비주의), symbolism(상징주의)에 치우쳐 있다는 비난을 받기도 했다. 하지만 chemical substance에 대한 지식을 disseminate함으로써 chemistry의 발전에 공헌하기도 하였다.

Joseph Leopold Ratinckx(요제프 레오폴트 레팅크스)가 그린 '연금술사'

중국에서도 이와 거의 비슷한 시기에 alchemy가 생겨났고 16, 17세기 들어 유럽에서는 commerce and industry(상공업)가 크게 발전하면서 metal(금속)을 포함한 chemical product(화학적 제품)들의 수요가 증가하였다. 이로써 metallurgy(야금술), pharmaceutics(제약학)가 크게 발전하였다. 이 시기에는 많은 합리적 설명이 시도되었으나 여전히 chemical theory는 mysticism과 결합되어 있었다.

Chemistry를 alchemy에서 독립된 science로 발전시킨 사람은 영국의 Robert Boyle(로버트 보일, 1627~1691)이다. Boyle은 젊은 날 유럽 여행 중 Aristotle의 object(물체)의 motion(운동)과 astronomical station(천체 운행)에 대한 theory가 유럽에서 refute(반박)당하는 현실을 보았다. 그리고 experiment(실험)와 observation(관찰)을 통해 새로운 scientific truth(과학적 진실)가 밝혀지는 학문의 분위기를 접하였다. 귀국 후 Boyle은 자신의 저서에서 atomic theory(원자론)에 근거를 두고 4-element theory를 deny(부정)하

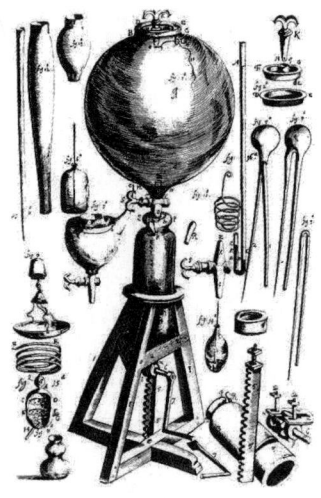

보일의 에어 펌프

였다. 또 experiment를 통해 파악할 수 있는 구체적인 material에 기초해서 chemical theory를 세워야 한다고 주장하였다. 그는 air(공기)의 weight(무게)를 재고, life phenomenon(생명현상)과 chemical reaction에서 air의 중요성을 인식하였다. Experiment를 통해 gas(기체)의 volume(부피)과 pressure(압력)가 inverse proportion(반비례) 관계에 있다는 Boyle's law(보일의 법칙)도 제시하였다.

18세기 초에는 독일의 chemist인 Georg Ernst Stahl(게오르크 에른스트 슈탈, 1660~1734)에 의해 phlogiston theory(플로지스톤설)가 등장하였다. Stahl은 불꽃이라는 뜻의 그리스어 phlogiston(플로지스톤)을 사용하여 material이 combust(연소)될 때 그 속에서 phlogiston이 빠른 rotary motion(회전 운동)을 하면서 material 밖으로 달아난다고 보았는데, phlogiston은 실제로 확인할 수 있는 material은 아니지만 이 이론으로 여러 chemical change(화학적 변화)를 설명할 수 있게 되었다. 이 시기에는 qualitative analysis(정성분석)가 발달하여 많은 새로운 element와 compound(화합물)가 발견되었다.

Boyle이 deny한 4-element theory에 결정타를 가한 chemist는 영국의 Henry Cavendish(헨리 캐번디시, 1731~1810)와 Joseph Priestley(조지프 프리스틀리, 1733~1804)이다. Cavendish는 inflammable gas(가연성 공기)인 hydrogen(수소)을 만들어냈다. Inflammable gas는 보통 air와 반응하여 water(물)를 만드나 이 과정에서 air의 1/5만 반응하였다. 나머지 4/5는 sickening air(역한 공기)라 불린 nitrogen(질소)이었다. 이 과정에서 element라 여겨온 water는 compound이고 air는 mixture(혼합물)임이 밝혀졌다. Priestley는 몇 가지 air를 만들었으며, soda water(소다수)를 발명하고 hydrochloric acid(염산)를 만들었다.

당시까지 chemistry에서는 combustion에 대한 완전한 이해가 이루어지지 않았는데, combustion을 설명하기 위해 phlogiston theory가 등장하였다. Phlogiston theory는 inflammable material(가연성 물질)에는 phlogiston이라는 알갱이가 들어 있고, combustion process(연소 과정)에서는 이것이 빠져나간다는 이론이다. 18세기 후반에는 이처럼 gas chemistry (기체 화학)에 대한 연구가 활발하였고, 그 결과 hydrogen, nitrogen, nitric oxide(산화질소), ammonia(암모니아) 등을 발견하였다.

Modern chemistry(현대 화학)의 기초를 세운 사람은 프랑스의 Antoine Laurent Lavoisier(앙투안 로랑 라부아지에)이다. Lavoisier는 combustion이 사실은 material이 oxygen(산소)과 결합하는 phenomenon(현상)이라고 하면서 phlogiston theory를 deny하였다. 그뿐 아니라 chemical reaction에서의 law of conservation of mass(질량 보존의 법칙)를 발견하였고, combustion이 일어나고 metal이 녹스는 것 등은 air 중의 oxygen과 reaction(반응)을 하는 것이라는 사실을 보여주었다. 이후 대부분의 chemist들은 Lavoisier의 이론을 받아들이게 되었다. 한편 영국에서는 Industrial Revolution(산업혁명)이 일어나 modern chemical industry(현대적인 화학산업)가 발전하는 계기가 되었다.

19세기 초에는 영국의 chemist인 John Dalton(존 돌턴, 1766~1844)이 "atom은 더 이상 쪼갤 수 없다."라며 atomic theory를 주장하였다. 또 이탈리아의 Amedeo Avogadro(아메데오 아보가드로, 1766~1856)는 material의 가장 작은 알갱이를 'molecule(분자)'이라고 이름 붙이고 molecular hypothesis(분자설)를 주장하였다.

한편 이탈리아의 physicist(물리학자)인 Alessandro Volta(알레산드로 볼타, 1745~1827)가 electrolysis phenomenon(전기분해 현상)을 발견하면서 electrochemistry(전기화학)가 등장하였다. 1830년대에는 organic chemistry(유기화학)가 발전하였고 physical chemistry(물리화학)도 이 시기에 등장하였다.

이후의 주목할 만한 chemist는 Friedrich Wöhler(프레드리히 뵐러, 1800~1882)와 Dmitri Mendeleev(드미트리 멘델레예프, 1834~1907)이다. Wöhler는 orga-

프레드리히 뵐러(1800~1882)

nism(생명체)이나 organic material(유기물)에 의해서만 만들 수 있다고 여겨온 organic compound(유기화합물)인 urea(요소)를 experiment를 통해 synthesize(합성)할 수 있다는 사실을 보여주었다. 이러한 발견은 여러 chemist들로 하여금 organic compound를 synthesize하는 motive(동기)를 갖게 해주었다. 오늘날에도 chemical material을 organic compound와 inorganic compound (무기화합물)로 나누지만, 이것은 compound의 특성에 따른 구분일 뿐이며 life force (생명력)의 유무와는 아무런 관련이 없다. 또 Mendeleev는 1869년 당시에 알려진 element들의 property를 바탕으로 periodic table(주기율표)을 제안하였고 발견되지 않은 element들의 atomic weight(원자량)와 property를 예측하였는데, 훗날 이러한 element들이 발견됨으로써 그의 예측이 옳았음이 prove(증명)되었다.

20세기 들어서는 Pierre and Marie Curie(퀴리 부부) 등이 atom이 더 작은 particle(입자)로 나누어진다는 사실을 발견하였고, 이후 atom에 대한 Niels Bohr(닐스 보어) 등에 의해 atom에 대한 연구는 곧 quantum mechanics(양자역학)로 발전하였다. 이러한 과정을 통해 비로소 chemistry는 predictable(예측 가능)한 학문이 되었다. 이는 Newton(뉴턴)이 dynamical system(역학 체계)을 완성한 뒤 180여 년이 지난 뒤 일이며, Charles Darwin(찰스 다윈)이 theory of evolution(진화론)을 발표한 지 10년이 지난 뒤 일이다. 이후 chemistry에는 physics의 quantum theory(양자론)의 개념과 결과가 도입되었다. 또 다양한 spectroscopy(분광학)의 방법이 적용되고, 여러 가지 새로운 method of synthesis(합성 방법)가 개발되어 획기적인 발전을 거듭하게 되었다.

Chemistry는 상대적으로 다른 분야보다 조금 늦게 과학으로서 자리 잡았다고 볼 수 있다. 그러나 chemical phenomenon을 mankind가 이용하고 조작하기 시작한 mankind의 history(역사)와 그 시작을 같이한다.

reading chemistry

　　화학은 과학의 한 분야(a branch)로서 물질 연구를 다룬다(deal with). 화학자들은 다른 원소들의 특성과 그들이 상호 작용하고 에너지에 반응하는 방식(the ways in which they interact)에 관심이 있다. 화학은 오랫동안 존재해왔다. 사실, 화학 연구는 선사시대 전까지 거슬러 올라가는(date back as far as prehistoric time) 것으로 알려져 있다.

　화학에 대한 인간의 관심의 가장 오래된 기록은 기원전 3000년으로 거슬러 올라간다. 이 시기 동안에 화학은 과학이라기보다는 기술(art)로 여겨졌다. 화학은 야금술, 도기 제조술, 염색업 같은 실용적인 지식에서 발달했다(evolve from).

　고대 이집트인들은 미라화에 사용되는 것 같은 흥미로운 제품들을 많이 생산했다. 이것들은 상당한 기술로 개발되었지만 원리에 대한 이해는 없었다.

연금술

　기원전 450년경 그리스 철학자인 엠페도클레스는 모든 물질은 단지 네 가지 원소로—흙, 공기, 불, 물—구성되어 있다는 아이디어를 제시하였다. 기원전 420년, 데모크리토스는 원자에 대한 아이디어를 제안하였다. 데모크리토스에 따르면(according to) 모든 물질은 영원하고, 쪼개지지 않는 알갱이들로 구성되어 있으며(be composed of), 이 미세한 알갱이들이 모여(cling together) 물체를 형성한다. 이 이론이 원자를 탄생시켰다(give birth to). 엠페도클레스의 네 가지 원소를 설명하는 상세한 이론을 제안하고 데모크리토스에 의한 원자론을 일축해버린 사람은 아리스토텔레스였다. 그는 물질의 구성에 대해 추측하였다(speculate on).

　아리스토텔레스에 따르면 원소는 따뜻함과 차가움, 축축함과 건조함 같은 특성에 근거하여(on the basis of) 구별할 수 있다. 이러한 특성을 기초로 아리

Chemistry is a branch of science that deals with the study of matter. Chemists are interested in the property of the different elements and the ways in which they interact with each other, and react to energy. Chemistry has been around for a long time. In fact, the study of chemistry is known to date back as far as prehistoric times.

The earliest record of man's interest in chemistry dates back to 3000 BC. During this time, chemistry was considered an art more than a science. Chemistry evolved from practical knowledge such as metallurgy, pottery, and dyeing.

Ancient Egyptians produced many interesting new products, such as the ones used for mummification. These were developed with considerable skill and no understanding of the principles involved.

Alchemy

Around 450 BC, the Greek philosopher Empedocles introduced the idea that all matter is made up of only four elements—earth, air, fire and water. In 420 BC, Democritus proposed the idea of atoms. According to Democritus, all matter is composed of eternal, indivisible and minute particles that cling together to form an object. This theory gave birth to the atom. It was Aristotle who proposed a detailed theory explaining the four elements of Empedocles and dismissed the theory of atoms by

스토텔레스는 하나의 물질은 네 가지 원소의 상대적인 비율을 변경함으로써 또 다른 물질로 바뀔(be changed into) 수 있다고 주장하였다.

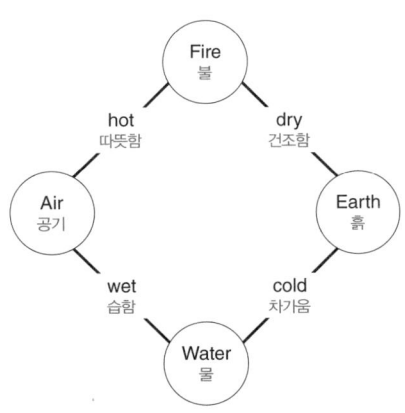

아리스토텔레스의 4원소

예를 들어 흙이라는 원소는 차갑고 건조한 특성을 지니는 반면에 불은 뜨겁고 건조한 특성을 지닌다. 점토를 오븐에 가열해서 물을 제거하고 불을 더함으로써 점토는 도기로 변형될(be transformed into) 수 있다. 사람들은 철은 흙으로 된 칙칙한 갈색 돌에서 만들어질(be made from) 수 있고, 청동은 구리와 주석을 조합함(combine copper and tin)으로써 만들어질 수 있다고 배웠다. 이것은 많은 사람들로 하여금 노랗게 함과 단단함이 결합될 수 있다면 금이 형성될 것이라고 믿게 하였다(this lead many to believe that).

다른 물질로부터 금을 만들 수 있다는 믿음이 연금술이라는 학문으로 이어졌다. 서기 시작부터 17세기 중반까지 연금술사들은 값싼 금속을 금으로 변형해보려고 하였다(attempt to transform). 연금술사들은 금속을 금으로 변환시킬 뿐만 아니라 사람들을 더 오래 살게 하고 모든 질병(ailment)을 치료할 수 있는 조합제(concoction)를 발견하고 싶어 하였다.

연금술사들의 노력에도 불구하고, 그들은 값싼 금속을 금으로 변화시키거나 영약(elixir) 조제법을 발견하는 데 실패하였다.

Democritus. He speculated on the composition of matter.

According to Aristotle, elements can be differentiated on the basis of property such as hot versus cold and wet versus dry. Based on these characteristics, Aristotle suggested that one substance can be changed into another substance by changing the relative proportions of the four elements.

For example, the element earth has the characteristic of being cold and dry while fire was hot and dry. By heating clay in an oven, removing water and adding fire, the clay could be transformed into a pot. People learned that iron could be made from dirty brown earthen rock, and that bronze could be made by combining copper and tin. This led many to believe that if yellowness and hardness could be combined, gold would be formed.

The belief that gold could be formed from other substances led to the study known as alchemy. From the beginning of the Christian era to the mid 17th Century, alchemists attempted to transform cheap metals into gold. Alchemists did not only want to convert metals to gold, they also wanted to find a concoction that would allow people to live longer, and cure all ailments.

Despite the alchemists' efforts, they were unsuccessful in transmuting cheap metals to gold or finding the formula for the elixir of.

Traditional chemistry

The end of 17th century marked the beginning of traditional chemistry and the end of alchemy. Robert Boyle published the

전통적인 화학

게오르크 슈탈(1660~1734)

17세기 말은 전통적인 화학의 시작과 연금술의 끝을 알렸다(mark the beginning of). 로버트 보일은 《회의적 화학자》라는 책을 출간했는데, 여기서 아리스토텔레스의 4원소설을 반증하였다. 이 시기 동안 가장 많이 연구된 현상 중 하나는 연소의 신비였다. 요한 요하임 베터와 게오르크 에른스트 슈탈은 플로지스톤설을 제안하였다. 그들은 한 물질이 태워졌을 때 공기 중의 플로지스톤이 연소되는 물체의 불꽃에 더해진다고 주장하였다.

일부 물질에서는 완전히 새로운 결과물(entirely new product)이 만들어졌다. 예를 들어 금속회(지금은 산화물로 알려진 가루로 된 물질)와 플로지스톤이 합쳐져 수은 물질이 만들어졌다. 플로지스톤설은 조지프 프리스틀리가 나중에 수은의 금속회를 가열했을 때 반증되었다. 프리스틀리는 무색 기체를 모아 이 무색 기체 속에서 다른 물질들을 태웠다. 프리스틀리는 이 기체를 '탈(脫) 플로지스톤 공기'라고 불렀지만, 그것은 사실 산소였다. 나중에 라부아지에는 물질이 연소할 때 그 물질과 결합하는(combine with) 공기의 원소가 산소라는 것을 깨닫고 '탈 플로지스톤 공기'를 산소라고 다시 이름 붙였다. 라부아지에는 현재 인정받고 있는 연소 이론을 수립하여 '현대 화학의 아버지'라는 칭호를 얻었다.

현대 화학

19세기 중반은 화학이 번성한 시대의 시작이었다. 라부아지에의 연구 때문에 화학자들은 화학반응의 성질을 최초로 확실히 이해하였다(have the first book, *The Skeptical Chemist*, which disproved Aristotle's four-element theory. One of the most studied phenomena during this period was the mystery of combustion. Johann Joachim Beecher and Georg Ernst Stahl proposed the phlogiston theory. When a substance was burned, they proposed, phlogiston was added from the air to the flame of the burning object.

In some substances, an entirely new product was produced. For example, calx(a powdery substance, now known as oxide) plus phlogiston gave the product of mercury. The theory of phlogiston was disapproved later when Joseph Priestley heated calx of mercury. He collected the colorless gas and burned different substances in this colorless gas. Priestley called the gas "dephlogisticated air", but it was actually oxygen. Later, Antoine Lavoisier renamed the "dephlogisticated air" oxygen when he realized that oxygen was the element of air that combines with substances as they burn. Antoine Lavoisier was able to formulate the presently accepted theory of combustion, giving him the title "the father of modern chemistry".

Modern chemistry

The Mid-19th Century was the start of an era wherein chemistry flourished. Because of Lavoisier's work, chemists had the first sound understanding of the nature of chemical reactions. Lavoisier's work led an English chemist by the name of John Dalton to formulate his atomic theory in 1803. Amedeo Avogadro formulated his own theory (Avogadro's law) concerning molecules and their relation to temperature and pressure. Also sound understanding of). 라부아지에의 연구는 존 돌턴이라고 하는 영국 화학자가 1803년 원자설을 수립하게 하였다(lead him to formulate). 아보가드로는 분자와 온도와 압력과의 관계에 관한 아보가드로의 이론을 수립하였다. 또 이 시기 동안 하인리히 가이슬러는 최초의 진공관을 만들었다.

19세기 중반 무렵, 대략 60가지의 알려진 원소들이 있었다. 존 알렉산더 레이나 뉴랜즈, 스타니슬라오 카니차로와 알렉상드르 베기에 드 샹쿠르투아스는 이 모든 요소들의 구조가 매우 유사하다는 사실을 최초로 알아냈다. 1869년 드미트리 멘델레예프는 원소 주기율표를 요약한 일련의 논문 중 첫 번째 논문을 발표하였다. 그는 화학적 특성의 유사성에 근거하여(on the basis of similarities in) 원소들을 분류하였다. 이것은 이론 화학의 기반이었다. 프랑스의 물리학자 헨리 베크렐과 퀴리 부부는 방사능으로 알려진 현상을 발견하여 핵 화학의 기초를 세웠다.

1919년 어니스트 러더퍼드는 원소들이 변화될 수 있다는 것을 발견한 최초의 화학자가 되었다. 러더퍼드의 연구는 원자의 구조 이해로 이어진(lead to the understanding of) 연구의 시작이었다. 러더퍼드의 제자들 중 한 명인 닐스 보어가 1913년 원자론을 완성하였다. 현재는 생화학, 핵화학, 화학공학 그리고 유기화학을 포함한 여러 가지 화학 분야들이 있다.

during this period, Heinrich Geissler created the first vacuum tube.

By the middle of the 19th century, there were approximately 60 known elements. John A.R. Newlands, Stanislao Cannizzaro and A.E.B. de Chancourtois first noticed that all of these elements were very similar in structure. In 1869, Dmitri Mendeleev published the first of a series of papers outlining a periodic table of the elements. He grouped the elements on the basis of similarities in their chemical property. This was the foundation of theoretical chemistry. French physicist Henri Becquerel, and Marie and Pierre Curie laid the foundation for nuclear chemistry after discovering the phenomenon known as radioactivity.

In 1919, Ernest Rutherford became the first chemist to discover that elements could be transmuted. Rutherford's work was the beginning of studies that led to the understanding of the structure of the atom. One of Rutherford's students, Niels Bohr, finalized the atomic theory in 1913. There are now many different branches of chemistry including biochemistry, nuclear chemistry, chemical engineering and organic chemistry.

problem solving

문제1 엠페도클레스와 아리스토텔레스 물질관의 네 가지 원소를 쓰시오.

문제2 제시문이 참인지 거짓인지 표시하시오.

> a. 물질이 탈 때 필요한 기체는 산소이다. (   )
> b. 연금술사에 영향을 준 사람은 보일이다. (   )
> c. '현대 화학의 아버지'는 멘델레예프이다. (   )

➡ 해답 **1.** earth, air, fire, water (흙, 공기, 불, 물) **2.** a - (T), b - (F), c - (F)

Example 1 Write down the four elements of Empedocles' and Aristotle's views on substances.

Example 2 Indicate whether the statement is true or false.

a. It is oxygen that is needed when a substance burns. (   )
b. Boyle had an influence on alchemists. (   )
c. Mendeleev is "the father of modern chemistry". (   )

rest in chemistry

Alchemy의 꿈

예부터 alchemy는 매우 인기가 있어서 일국의 왕까지도 alchemy를 배우려고 하였다. 영국 왕 Charles II(찰스 2세)는 alchemical experiment(연금술 실험)를 하다가 mercury(수은)에 중독되었다고 한다. 또 Newton도 alchemy에 관한 experiment를 오래한 탓에 mercury poisoning(수은 중독)으로 eccentricity(기이한 행동)를 보이기도 했다고 한다.

계속되는 실패에도 불구하고 alchemist들은 포기하지 않았다. 그들은 값싼 metal을 gold로 변화시켜주는 philosopher's stone(현자의 돌)이 존재한다고 믿었다. 그러나 philosopher's stone이 정확하게 어떤 것이며, 어디서 찾을 수 있는지 어느 누구도 알지 못했다. 또 alchemist들은 philosopher's stone을 발견하는 사람은 죽지 않고 영원히 살 수 있다고 믿었다. 하지만 안타깝게도 이것을 발견하여 gold를 만드는 데 성공한 alchemist는 아무도 없었다.

그러던 중 1911년 영국에서 Ernest Rutherford(어니스트 러더퍼드)가 평범한 metal을 gold로 변화시키는 방법을 발견하였다. 그는 모든 material의 기본 particle인 atom을 조작해 gold를 만들어냈다. 즉 metal을 구성하고 있는 atom에 강한 radiation(방사선)을 쬐어줌으로써 metal

중세시대 사람들의 현자의 돌에 대한 인식의 단면을 보여준다.
Michael Maierx(마이클 메이어)의 그림

의 atom들을 gold의 atom들로 변화시킨 것이다.

그러나 Rutherford는 alchemist들에게 반갑지 않은 소식도 알려주었는데, 그것은 atom들은 그 size(크기)가 워낙 작아서 radiation으로 정확하게 맞히기가 어렵다는 점과 gold로 변화시키기 가장 쉬운 metal은 gold보다 더 비싼 white gold(백금)라는 점이었다.

Element와 atom의 구별

Chemistry를 처음 공부할 때부터 element와 atom의 차이를 확실히 알아두는 것이 좋다. Chemistry에 대한 이야기를 할 때 가장 먼저 해야 할 일은 어떤 material이 주어졌을 때 그것이 element인가 아닌가를 분별하는 것이다. 오랫동안 사람들은 water, fire, soil, air를 element로 생각해왔다. 지금도 누군가 "water는 element인가요?" 또는 "air는 element인가요? 왜 그렇지요?"라고 묻는다면 선뜻 대답하기가 쉽지 않다. 요컨대 element의 개념을 확실히 아는 일이 무엇보다 중요하다.

예를 들면 같은 성씨를 가진 경우 성별, 키, 체중, 생김새, 성격 등이 모두 똑같은 사람들이 모여 사는 나라가 있다고 가정해보자. 바로 atom의 세계가 이와 같은 쌍둥이들의 세계다. Atom의 세계에서는 이처럼 공통된 성질을 가진 쌍둥이, 즉 atom들을 element라고 부른다.

그리고 element에 속하는 atom들은 각각의 차이가 허용되지 않는다. 이를테면 hydrogen은 수억 광년 떨어진 별에서든 우리가 매일 마시는 water에서든 똑같은 hydrogen인 것이다.

그런데 같은 김씨라 할지라도 김해 김씨, 연안 김씨 등 본관이 다르듯 element 중에서도 약간의 차이가 있는 isotope(동위원소)이 존재한다. 즉 hydrogen, deuterium(중수소), tritium(삼중수소)의 경우 mass(질량)는 다르지만

chemical property(화학적 성질)는 세 가지 모두 같다.

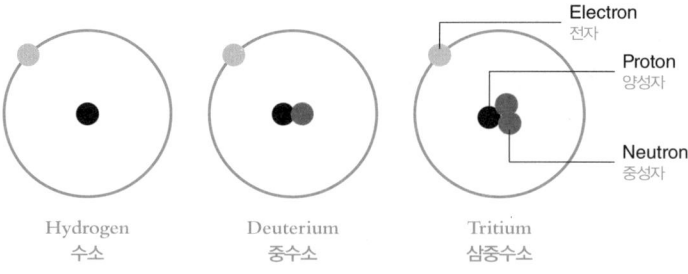

최초의 화합물, alloy(합금)

인간이 인공적으로 만들어낸 최초의 material은 무엇일까? 그것은 분명 copper와 tin(주석)의 compound였을 것이다. Copper와 tin의 compound인 bronze(청동)는 특별히 alloy라 부른다.

불을 이용해 mineral에서 metal을 녹여내는 방법을 알게 된 고대인들은 곧이어 두 가지 이상의 metal을 녹여서 섞는 방법을 배웠다. 이렇게 해서 문명은 더욱 발전하였고 훗날 금속 화학이라고 부르는 chemistry의 한 분야가 싹트게 되었다. 같은 종류의 chemical element(화학 원소)들이 만나더라도 여러 가지 chemistry compound가 생겨난다. 일례로 natrium(나트륨)과 tin의 compound는 아홉 가지나 된다고 한다.

Metal들 사이에서 chemical reaction이 일어나려면 대개의 경우 metal이 liquid(액체) 상태로 존재해야 한다. 그러나 반드시 melting(용해)된 metal끼리만 화학적으로 결합해 compound를 만드는 것은 아니다. 때로는 하나의 metal이 녹아서 다른 metal에 단순히 섞여 들어가기도 하는데, 이때는 compound가 아니라 molecule의 조성이 일정하지 않은 mixture(혼합물)가 만들어지기 때문에 이 과정을 chemical equation(화학반응식)으로 정확히 표시하기란 불가능하다.

한편 alloy로 만들기 매우 쉬울 뿐 아니라 어떤 비율로 섞더라도 alloy를 만들 수 있는 metal도 있다. Copper와 tin의 alloy인 bronze나 copper와 zinc(아연)의 alloy인 brass(황동)가 그 대표적인 예다. 반면 어떤 조건에서도 좀처럼 alloy를 만들지 않는 metal도 있다. Copper와 tungsten(텅스텐)의 경우가 그러한데, 우여곡절 끝에 과학자들은 이 두 metal의 alloy를 만들어내는 데 성공하였다.

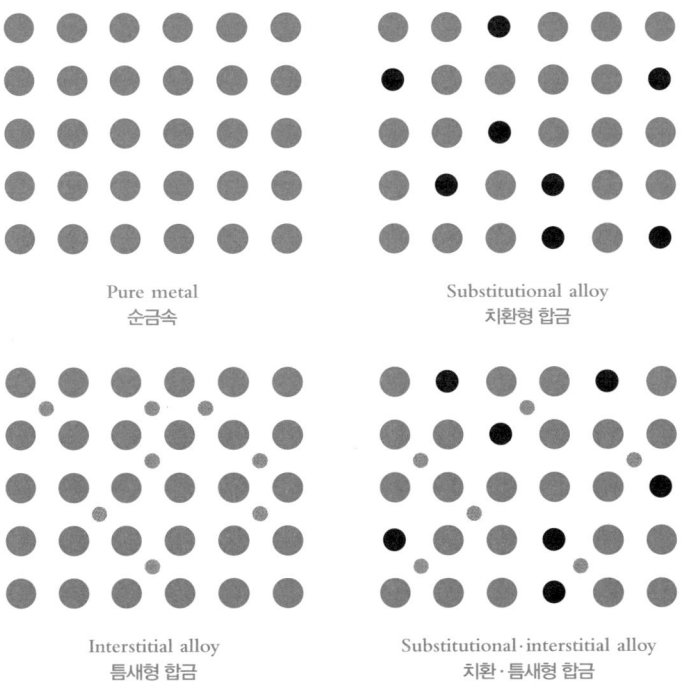

Pure metal
순금속

Substitutional alloy
치환형 합금

Interstitial alloy
틈새형 합금

Substitutional·interstitial alloy
치환·틈새형 합금

Alloy의 용도는 매우 다양하다. Room temperature(실온)에서 liquid인 alloy가 있는가 하면 우주공학자가 필요로 하는 thermostability(내열성)가 뛰어난 alloy도 있다. 또 어떤 강력한 chemicals(화학약품)의 작용에도 destroy(파괴)되지 않는 alloy가 있는가 하면 diamond(다이아몬드)와 견줄 만큼 단단한 alloy도 있다.

2

Molecular Mass
분자 질량

Molecular mass(분자 질량)는 atomic mass unit(원자 질량 단위)로 나타낸 molecule(분자)의 mass(질량)이다. 이것은 molecular weight(분자량)라고도 하며, carbon(탄소)-12를 기준으로 한 relative mass(상대적 질량)이므로 relative molecular mass(상대 분자 질량)라고도 한다. Molecule 하나의 molecular mass는 그 molecule을 이루는 atom(원자)들의 atomic mass(원자 질량)의 sum(합)으로 계산할 수 있다.

> basic concept

아보가드로의 법칙과 분자 질량
Avogadro's Law and Molecular Mass

1965년 Novel Prize in physics(노벨물리학상)를 받은 Richard Feynman(리처드 파인만)은 "인간의 모든 지식 중에서 가장 중요한 생각은 만물이 atom으로 이루어져 있다는 것"이라고 하였다. 그러나 오늘날 많은 화학자들은 chemical substance(화학물질)는 대부분 molecule로 구성되어 있으므로 atom이 아니라 atom과 molecule로 이루어져 있다고 말해야 정확한 표현이라고 생각한다.

그리고 Avogadro's hypothesis(아보가드로의 가설)를 통해 우리는 atom과 molecule을 구별할 수 있게 되었으며, Avogadro's number(아보가드로 수)를 통해 주어진 양의 matter(물질)에 들어 있는 atom과 molecule의 number(수)와 이들 각각의 weight(무게)를 구할 수 있게 되었다. 그러므로 viewpoint of chemistry(화학적 관점)에서 볼 때 Avogadro(아보가드로)와 그의 hypothesis(가설)를 prove(증명)한 여러 화학자들이야말로 과학의 역사에서 매우 중요한 성과를 이루었다고 볼 수 있다.

> • **Avogadro's hypothesis**
> Temperature(온도)와 pressure(압력)의 condition(조건)이 같을 때 모든 gas(기체)들은 equal(같다)한 volume(부피) 내에 같은 number(수)의 molecule을 갖는다.

Mankind(인류)는 아주 오래전부터 새로운 matter를 얻기 위해 chemical reaction(화학반응)을 이용했다. 그러나 chemical reaction에 관한 기본 원리를 이해하기 시작한 때는 18세기 후반에 이르러서다. 1774년 Antoine Laurent Lavoisier(앙투안 로랑 라부아지에)는 chemical reaction에서는 reaction(반응) 전후에 전체 mass에 변화가 없다는 law of conservation of mass(질량 보존의 법칙)를 발견하였다.

그리고 1779년 Joseph Louis Proust(조제프 루이 프루스트)가 chemical compound(화합물)를 구성하는 각 element(원소)의 mass에 대한 proportion(비)은 언제나 일정하다는 law of constant proportion(일정 성분비의 법칙)을 발견하였다.

그 뒤 영국의 화학자인 John Dalton(존 돌턴)이 이 두 가지 law(법칙)를 설명하기 위해 일찍이 고대 그리스 학자 Democritus(데모크리토스)가 제기하였으나 Plato(플라톤)와 Aristotle(아리스토텔레스) 등에 의해 deny(부정)되었던 atomic theory(원자론)를 부활시켰다.

> • Democritus의 atomism(원자론)
> 세계는 빈 space(공간)와 atom으로 이루어져 있고 모든 변화는 이합집산의 과정이다.
> 무(無)에서는 아무것도 product(생성)되지 않고 이미 존재하는 것은 소멸되지 않는다.
> 모든 현상은 필연적으로 일어나며 우연적인 것은 없다.

1803년에 처음 발표된 Dalton의 atomic theory에는 아래와 같은 내용이 담겨 있다.

"모든 matter는 더 이상 split(나누다)할 수 없고 destroy(파괴)할 수도 없는

존 돌턴(1766~1844)

atom으로 이루어져 있다. 한 element의 atom은 size(크기)나 property(성질)가 같다. Compound는 두 가지 이상의 atom의 combination(결합)으로 만들어진다. Chemical reaction은 atom들의 rearrangement(재배열)이다."

Dalton의 theory(이론)는 많은 화학자들의 연구에 큰 자극이 되었고, atom이 proton(양성자), neutron(중성자), electron(전자) 같은 보다 간단한 basic particle(기본 입자)로 쪼개질 수 있다는 새로운 사실이 밝혀졌다.

그런데 Dalton은 hydrogen atom(수소 원자)의 mass를 1로 하여 여러 가지 atom들의 relative mass(상대적 질량), 즉 atomic mass(원자 질량)를 나타내고자 하는 과정에서 중요한 실수를 범한다. 그는 water(물)의 chemical formula(화학식)를 HO로, ammonia(암모니아)의 chemical formula를 NH로 가정하고, oxygen(산소)과 nitrogen(질소)의 atomic mass를 각각 8과 5로 구하였다. 그 결과 oxygen의 atomic mass는 실제 값 16의 2분의 1로, nitrogen의 atomic mass는 실제 값의 3분의 1로 나왔다. Oxygen과 nitrogen은 diatomic molecule(이원자 분자)로 그 chemical formula는 각각 O_2, N_2이다. 이렇게 잘못 구한 atomic mass를 이용해 이들 element와 reaction을 하는 다른 element들의 atomic mass를 구했기 때문에 그 atomic mass도 실제 값과 크게 차이가 났다.

1808년 프랑스의 화학자이자 physicist(물리학자)인 Joseph Louis Gay-Lussac(조제프 루이 게이뤼삭)은 reactant gas(반응하는 기체)들과 product gas(생성되는 기체)들의 volume의 ratio(비)가 whole number(정수)로 express(표현)된다는 law of gaseous reaction(기체 반응의 법칙)을 발견하였다. Gay-Lussac이 발견했기 때문에 Gay-Lussac's law라고도 한다. 예를 들어 항상 2 volume의

hydrogen gas(수소 기체)와 1 volume의 oxygen gas(산소 기체)가 reaction을 해서 2 volume의 steam(수증기)을 만들기에 이들 gas(기체) 사이에는 1:2:2의 ratio가 성립된다.

그리고 1811년 이탈리아의 physicist인 Avogadro가 Gay-Lussac's law를 explain (설명)하기 위해 temperature와 pressure가 같으면 모든 gas는 같은 volume 속에 같은

조제프 게이뤼삭(1778~1850)

수의 gas particle(기체 입자), 즉 molecule을 갖는다는 hypothesis를 내놓았다. 이것이 바로 Avogadro's law(아보가드로의 법칙)이다. 또 그는 gas의 molecule은 2개 혹은 그 이상의 basic particle, 즉 atom으로 구성되어 있다는 hypothesis를 내놓으면서 hydrogen, oxygen, nitrogen은 diatomic molecule, 즉 H_2, O_2, N_2의 형태로 존재한다고 주장하였다.

하지만 당시의 화학자들은 Avogadro's hypothesis를 받아들이지 못했다. 그들은 chemical method(화학적 방법)에 의해 더 단순한 matter로 disintegration(분해)이 될 수 없는 matter인 element에 대해 정확한 개념을 갖고 있지 못했다. 그리고 element를 구성하는 minimum unit particle(최소 단위 입자)로서의 atom과 2개 이상의 atom이 강한 힘으로 서로 combine(결합)하여 하나의 독립된 particle로 존재하는 atomic group(원자단)으로서의 molecule을 명확히 구분하지 못했다.

이후 Dalton의 실수로 element들의 atomic mass가 잘못 알려지고, compound의 chemical formula에 대한 개념이 정확히 정립되지 않았기 때문에 chemical chaos(화학적 혼돈)는 한동안 계속되다가 1800년대 후반 Stanislao Cannizzaro(스타니슬라오 카니차로)에 의해 일단락되었다. 그가 자신의 논문에서 Avogadro's hypothesis를 prove해낸 것이다. 이후 Dmitry Mendeleev(드미트리 멘델레예프)가 Avogadro's hypothesis를 바탕으로 element들의 atomic mass를 수정해 periodic table(주기율표)을 발표하였다.

Avogadro's number는 matter 1 mol(몰)에 contain(포함)되어 있는

아메데오 아보가드로
(1776~1856)

particle의 number를 말한다. 19세기 후반에 화학자들은 gram-molecule(그램-분자) 혹은 gram-atom(그램-원자)이라는 용어로 matter의 quantity를 나타냈는데, 1 gram-molecule 또는 1 gram-atom은 molecular mass 또는 atomic mass에 해당하는 mass(gram)를 의미한다. 예를 들어 oxygen은 molecular mass가 32이므로 1 gram-molecule은 32g이다.

하지만 오늘날 Avogadro's number는 matter 1 mol에 들어 있는 particle의 number를 의미한다. 즉 우리가 12개를 1다스라고 하듯이 Avogadro number만큼의 particle, 즉 atom, molecule, electron으로 이루어진 하나의 bundle(묶음)을 1 mole이라고 한다. Molecule의 경우 1 gram-molecule은 1 mole이 된다.

그리고 Avogadro's number는 6.022×10^{23}/mol이다. 이 수는 1909년에 Jean B. Perrin(장 페랭)이 Brownian motion(브라운 운동)의 실험 결과로부터 구하였는데, Avogadro를 기리기 위해 그의 이름을 붙였다.

• Molecule의 크기

　Matter는 우리 눈으로 볼 수 없는 particle로 이루어져 있으며 우리는 이것을 molecule이라고 부른다. Molecule의 volume은 매우 작다. 흔히들 아주 작은 물건을 티끌에 비유하는데 이 티끌의 diameter(직경)는 약 0.03밀리미터다. 그런데 이 티끌의 크기는 1만 개 이상의 water molecule(물 분자)을 한 줄로 세웠을 때의 총 길이와 같다.

　Molecule은 volume이 아주아주 작기 때문에 모래알같이 작은 matter라도 그것이 contain하고 있는 molecule의 number는 엄청나게 많다. 다시 water를 예로 들어보자. 만약 어떤 사람이 한 모금에 1억 개의 water molecule을 먹을 수 있고 1초에 한 모금씩 마신다고 쳤을 때 한 방울의 water를 전부 마시는 데 50만 년

이 걸린다고 한다. 그러면 한 방울의 water 속에는 몇 개나 되는 molecule이 contain되어 있을까? 답은 1.5×10^{21}개이다.

그렇다면 한 방울의 water가 contain하고 있는 모든 water molecule을 한 줄로 가지런히 늘어놓으면 그 길이는 얼마나 될까? 그 답은 약 3억 킬로미터이다. 지구에서 태양까지 거리가 1억 5,000만 킬로미터이니, 한 방울의 water에 contain되어 있는 molecule을 늘어놓으면 그 줄이 지구에서 태양까지 갔다가 다시 지구로 되돌아올 수 있다는 말이다.

reading chemistry

분자 질량과 관련된 용어의 정의

분자 질량의 특별한 면(particular aspects)을 나타내는 용어들이 있다. 분자 질량의 정의를 충분히 이해하기 위해서 이러한 용어를 이해하는 것이 중요하다. 상대적인 동위원소 질량은 탄소-12 원자 질량의 12분의 1에 비례한(relative to) 동위원소 질량이다. 동위원소들은 같은 수의 양성자와 전자를 갖는 성분이 같은 원자들이지만, 중성자 수의 차이 때문에 질량수가 다른 원소들이다.

원자들은 육안으로는 볼 수 없어서(not visible to the naked eye) 그램이나 밀리그램 같은 기본 단위를 이용하여 원자의 질량을 측정한다는 것은 불가능하다. 대신에 ^{12}C 동위원소 원자의 질량 저울로 질량을 측정할 수 있다. ^{12}C 저울에서 ^{12}C 동위원소는 정확히 12단위의 질량을 갖고 모든 다른 동위원소들의 질량은 같은 저울에서 측정한다.

원자 질량은 특정한 동위원소의 질량을 나타내며 u(통일원자질량 단위) 또는 Da(돌턴)로 표현한다. 평균 질량은 동위원소 존재비(isotopic abundances)로 무게를 측정한 동위원소 질량의 평균 무게다. 평균 질량은 원소의 원자량을 이용하여 계산할 수 있다.

분자 질량의 정의

분자 질량은 화합물의 한 분자에 존재하는 모든 원자의 원자 질량의 총량(sum of the atomic masses)이다. 예를 들어 2개의 수소 원자와 1개의 산소 원자를 갖고 있는 물의 분자 질량은 18(i.e., 2+16)이다.

분자 질량은 숫자로는 상대적 분자량과 같다(be equivalent to). 분자 질량과 분자량(molecular weight)이 숫자는 같지만, 분자 질량은 분자들의 몰이

Definition of terms related to molecular mass

There are different terms designating particular aspects of molecular mass. It is important to understand these terms in order to fully understand the definition of molecular mass. Relative isotopic Mass is the mass of the isotope relative to $\frac{1}{12}$ of the mass of a carbon-12 atom. Isotopes are atoms of the same element having the same number of protons and electrons but with different masses due to the difference in the number of neutrons.

Atoms are not visible to the naked eye thus it is impossible to measure the mass of an atom using standard units like grams or milligrams. Instead, masses are measured on a scale based on the mass of an atom of the ^{12}C isotope. On the ^{12}C scale, the ^{12}C isotope is given a mass of exactly 12 units, and the masses of all other isotopes are measured on the same scale.

Atomic Mass refers to the mass of a specific isotope and is expressed in u(unified atomic mass unit) or Da(Dalton). The Average Mass is the average weight of the isotopic masses weighted by the isotopic abundances. The average mass can be calculated using the atomic weights of the elements.

Definition of molecular mass

The Molecular mass is the sum of the atomic masses of all the atoms present in one molecule of that compound. For example,

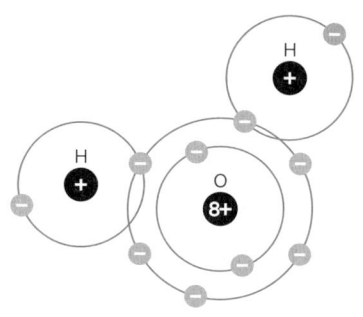

물 분자의 질량비 $H_2 : O = 2 : 16$, 물 분자 질량 18

아니라 주어진 분자의 질량이다. 반면에 분자량은 공유 화합물(covalent compound)의 몰 질량을 가리킨다.

분자 질량 계산법

한 화합물의 분자 질량을 알아내기 위해서 화합물에 존재하는 모든 원자의 원자 질량을 더하라.

화합물 $C_6H_{12}O_6$(포도당)에서 분자 질량은 6개 탄소 원자, 12개 수소 원자, 6개 산소 원자의 질량을 더해 계산할 수 있다. 이것은 다음과 같이 계산할 수 있다.

6개 탄소 원자 (원자 질량 12)	$6 \times 12 = 72$
12개 수소 원자 (원자 질량 1)	$12 \times 1 = 12$
6개 산소 원자 (원자 질량 16)	$6 \times 16 = 96$
분자 질량	$= 180$

질량 분광법

분자 질량은 질량 분광기(mass spectrometer)를 사용하여 직접 측정할 수 있

the molecular mass of water, which has two atoms of hydrogen and one atom of oxygen, is 18 (i.e., 2+16).

Molecular mass is numerically equivalent to the relative molecular mass. Although molecular mass and molecular weight are numerically the same, molecular mass is the mass of a given molecule, not the moles of molecules. On the other hand, molecular weight refers to the molar mass of a covalent compound.

How to compute molecular mass

To find the molecular mass of a compound, add the atomic masses of all the atoms that are present in a compound.

In the compound $C_6H_{12}O_6$ (glucose), the molecular mass can be calculated by adding the mass of six atoms of carbon, twelve atoms of hydrogen and six atoms of oxygen. It can be calculated as follows:

6 carbon atoms (atomic mass 12)	$6 \times 12 = 72$
12 hydrogen atoms (atomic mass 1)	$12 \times 1 = 12$
6 oxygen atoms (atomic mass 16)	$6 \times 16 = 96$
Molecular mass	$= 180$

Mass spectrometry

Molecular mass can be measured directly with the use of mass

다. 질량 분광기를 세계에서 가장 작은 저울이라고 표현하는데 그것은 질량 광기계의 크기 때문이 아니라(not because of) 그것을 이용하여 측정하는 분자들의 크기 때문이다(but because of). 질량 분광법은 분자량을 측정하기 위해 원자와 분자를 측정하는 기술이다. 이러한 질량 또는 무게 정보는 한 분자의 정체를 규명하는 데 때로 충분하고, 종종 필요하며, 언제나 유용하다.

spectrometer. The mass spectrometer has been described as the smallest scale in the world, not because of the mass spectrometer's size, but because of the size of the molecules it is used to weigh. Mass spectrometry is the art of measuring atoms and molecules to determine their molecular weight. Such mass or weight information is sometimes sufficient, frequently necessary, and always useful in determining the identity of a molecule.

problem solving

문제1 다음은 원자 A, B와 분자 AB에 대한 내용이다. 이에 대한 설명으로 옳은 것만을 보기에서 모두 고르시오.

> A의 원자량은 1이다.
> B는 원자량이 35, 37인 두 종류가 있다.
> AB의 평균 분자량은 36.5이다.

> a. B의 평균 원자량은 35.5이다.
> b. 분자량이 서로 다른 B_2 분자는 세 가지다.
> c. B_2에서 분자량이 74인 분자의 존재 비율은 6.25%이다.

Example 1 The following is about atom A and B and molecule AB. Choose all correct explanations.

> The atomic mass of A is 1.
> There are two kinds of B with the atomic mass of 35 and 37.
> The average molecular mass of AB is 36.5.

> a. The average atomic mass of B is 35.5.
> b. There are 3 molecules B_2 that each has different molecular masses.
> c. The abundance ratio of a molecule that has molecular mass of 74 in B_2 is 6.25%.

문제2 표는 질소와 산소의 동위원소에 따른 상대 원자량과 존재 비율을 나타낸 것이다.

구분	동위원소	상대 원자량	존재 비율(%)
질소	^{14}N	14.0	40
	^{15}N	15.0	60
산소	^{16}O	16.0	40
	^{17}O	17.0	60

이에 대한 설명으로 옳은 것만을 보기에서 모두 고르시오.

a. N_2의 평균 분자량은 29.0이다.
b. O의 동위원소가 가지는 양성자 수는 서로 다르다.
c. NO 중 질량이 가장 큰 분자의 분자량은 32이다.

➡해답 1. a, b, c   2. c

Example 2 The table shows relative atomic masses relevant to isotopes of nitrogen and oxygen and their abundance ratio.

Classification	isotope	relative atomic mass	abundance ratio
Nitrogen	^{14}N	14.0	40
	^{15}N	15.0	60
Oxygen	^{16}O	16.0	40
	^{17}O	17.0	60

Choose all correct explanations.

> a. The average molecular mass of N_2 is 29.0.
>
> b. The number of protons which an isotope of O has is different.
>
> c. The molecular weight of a molecule that has the biggest mass out of NO is 32.

rest in chemistry

Modern chemistry의 아버지 Lavoisier의 비극

앙투안 라부아지에(1743~1794)

Modern chemistry(현대 화학)의 창시자 중 한 사람인 Lavoisier는 1789년 프랑스 대혁명이 일어난 뒤 반역자로 몰렸다. 그는 공장 노동자를 위한 제조업 개선을 주장하고 파리의 가로등과 물 공급 방식을 개선하는 등의 일에도 앞장선 혁명가였지만, 한편으로 세금징수인 조합의 일원이었고 법률가로 활동하며 부를 축적했기에 자코뱅당 당원에게 악질 지주로 고발당했던 것이다. 언제나 experiment(실험)에 몰두하면서 학문의 발전에 힘쓴 그였지만, 혼란의 시기는 그의 탁월함을 인정해주지 않았다.

Lavoisier에 대한 재판은 1794년 5월에 시작되었다. Lavoisier는 아주 중요한 chemical experiment(화학 실험)를 마무리할 때까지만 살려달라고 애원하였다. 그러나 재판관은 "프랑스 공화국은 scientist(과학자)를 필요로 하지 않는다."라고 말하며 그를 단두대에 세웠다.

Mathematician(수학자)인 Joseph Louis Lagrange(조제프 루이 라그랑주)는 Lavoisier가 떠난 뒤 이렇게 말했다고 한다.

"그의 머리를 베는 것은 순간이지만 그와 같은 머리를 길러내는 데는 앞으로 100년은 걸릴 것이다."

Dalton의 atomic theory

 Atomic theory를 쉽게 이해하기 위해서 atom의 세계에 대한 저 유명한 비유 '햄버거'를 살펴보자. 이에 따르면 atom 세계의 모든 햄버거는 빵과 고기로 이루어져 있다. 어느 가게를 가든지 햄버거에 들어가는 빵은 size와 weight가 똑같고 고기도 그러하다. 물론 빵과 고기는 서로 다른 property를 지닌다. 빵이나 고기는 더 크게 만들 수도 더 작게 자를 수도 없다. 빵을 고기로 바꿀 수도 없고 고기를 빵으로 바꿀 수도 없다. 빵 2쪽 사이에 고기를 1개 넣으면 보통 햄버거가 되고 2개 넣으면 더블버거가 된다. 고기를 반쪽만 넣는다든지 하는 것은 허용되지 않는다.

 이때 law of constant proportions는, 어느 가게에 가든 햄버거에는 빵 2개에 고기 1개가 들어 있고 더블버거에는 빵 2개에 고기 2개가 들어 있다는 말이다. 만일 matter의 세계가 서로 다른 술을 섞어서 칵테일을 만드는 것과 같은 연속의 세계라면, 칵테일의 알코올 함량이 일정하지 않듯 law of constant proportions도 성립하지 않을 것이다.

 Dalton은 이러한 atomic theory에 근거해 두 가지의 atom이 combine 하여 두 가지 이상의 compound를 product할 때 한 atom의 fixed quantity(일정량)와 combine하는 다른 atom의 mass 사이에는 항상 simple(간단)한 whole number의 ratio가 성립한다는 law of multiple proportions (배수 비례의 법칙)를 주장하였다. 이것은 마치 햄버거와 더블버거의 관계가 같은 빵 2쪽 사이에 들어가는 고기의 수량 1개와 2개의 관계인 것과 같다. 실제 atom의 세계에서 이러한 예는 nitrogen oxide(질소산화물)에서 찾아볼 수 있는데, nitrous oxide(일산화이질소), nitrogen monoxide(일산화질소)의 경우 약 14g의 nitrogen과 combine하는 oxygen의 mass가 차례대로 8g, 16g으로 1:2라는 whole number의 ratio가 성립한다.

3

Chemical Equation
화학반응식

모든 chemical bond(화학결합)는 전적으로 유일하게 상반되는 두 force(힘), 즉 positive electricity(양전기)와 negative electricity(음전기)에 depend(의존)한다. 또 모든 chemical compound(화합물)는 third force(제3의 힘)가 없으므로 electrochemical reaction(전기화학적 반응)을 하는 기관에 의해 combine(결합)된 두 부분으로 consist(구성)되어야 한다. 그러므로 몇 개의 constituent(구성요소)로 이루어져 있든, 모든 compound(화합물)의 body(몸체)는 positive electricity를 띠는 부분과 negative electricity를 띠는 부분으로 divide(분리)할 수 있다.

—Jöns Jacob Berzelius(옌스 야코브 베르셀리우스)

화학반응식의 의미
Meaning of Chemical Equation

 Chemical reaction이 일어날 때 reaction(반응)을 하는 substance(물질)와 produce(생성)되는 substance를 chemical formula(화학식)로 represent(나타내다)한 것을 chemical equation(화학반응식, 화학방정식)이라고 한다. Chemical equation은 reaction equation(반응식, 화학반응식)이라고도 한다.

 Chemical equation에서 가장 중요한 것은 arrow(화살표)이다. Arrow를 경계로 left hand side(왼쪽)는 reactant(반응물, 반응물질), right hand side는 product(생성물, 생성물질)를 denote(의미)한다. 특히 double arrow(양방향 화살표)는 forward reaction(정반응)과 reverse reaction(역반응)이 동시에 일어나는 reversible reaction(가역반응)을 represent하는 것으로 chemical equilibrium(화학 평형)을 explain(설명)할 때 쓴다.

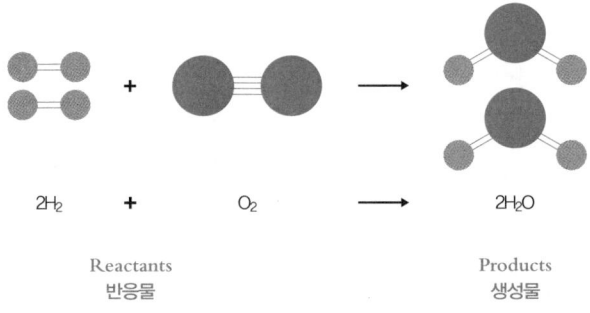

 Chemical equation에서 arrow의 좌우를 살펴보면 reaction 전후의

mass(질량)나 electric charge(전하)가 preserve(보존)된다는 사실을 알 수 있다. 또 양쪽 atom의 quantity(수량)가 일치하는 것도 알 수 있다. 다시 말해 chemical reaction이 일어난다는 것은 reactant를 이루는 atom(원자)들 사이에 chemical bond가 끊어지고 새로운 combination(결합)이 이루어지면서 product를 produce하는 것이다. 그런데 chemical reaction이 일어나는 동안 reactant에 포함돼 있는 atom이 없어지거나 새로운 atom이 만들어지지 않으므로 reaction 전후의 각 atom의 종류와 개수에는 변함이 없다.

따라서 chemical equation을 완성하는 것은 reactant가 product에 포함되어 있는 atom의 종류와 개수가 서로 같도록 chemical equation에서 각 chemical formula 앞에 적당한 coefficient(계수)를 붙이는 것을 의미한다.

이로써 우리는 chemical equation을 통해 produce되는 substance의 종류와 quantity를 예측할 수 있으며, law of conservation of mass(질량 보존의 법칙)와 law of gaseous reaction(기체 반응의 법칙)에 근거해 각 substance의 molecule의 number(수), mass, volume(부피) 등 quantitative relation(양적 관계)도 알 수 있다.

아래와 같이 hydrogen(수소)과 oxygen(산소)이 react(반응)하여 water(물)가 생기는 chemical equation을 한번 살펴보자.

$$2H_2 + O_2 \rightarrow 2H_2O$$

위의 chemical equation을 통해 hydrogen 2 molecule(분자)과 oxygen 1 molecule이 react하여 water 2 molecule이 produce되는 것을 알 수 있다. 그리고 이것을 mole(몰)로 나타내어 hydrogen 2 mole(4g)과 oxygen 1 mole(32g)이 reaction을 하여 water 2 mole(36g)이 produce된다는 사실을 밝히고 law of conservation of mass를 설명할

수도 있다. 또 temperature(온도)가 0°C, air pressure(기압)가 1인 normal state(표준 상태)에서 hydrogen 44.8l와 oxygen 22.4l가 reaction을 하여 44.8l의 steam(수증기)이 produce되는 law of gaseous reaction도 explain할 수 있다.

Chemical equation에 state(상태)를 represent하기도 한다. Gas(기체)는 g, liquid(액체)는 l, solid(고체)는 s, aqueous solution(수용액)은 aq로 괄호 안에 표기한다. 예를 들어 magnesium(마그네슘)이 hydrochloric acid(염산)와 react하여 magnesium chloride(염화마그네슘)라는 salt(염)와 hydrogen gas(수소 기체)가 produce되는 chemical equation은 아래와 같이 표기할 수 있다. 그리고 이때 produce되는 magnesium chloride가 water에 잘 dissolution(용해)이 되는 salt란 사실도 예측할 수 있다.

$$Mg(s) + 2HCl(aq) \rightarrow MgCl_2(aq) + H_2(g)$$

Lead nitrate(질산납)의 aqueous solution과 potassium iodide(아이오딘화칼륨)의 aqueous solution의 chemical equation은 아래와 같이 쓸 수 있다.

$$Pb(NO_3)_2(aq) + 2KI(aq) \rightarrow PbI_2(s) + 2KNO_3(aq)$$

위의 chemical equation에서 $Pb(NO_3)_2$, KI, KNO_3은 aqueous solution에서 positive ion(양이온)과 negative ion(음이온)으로 divide되어 dissolution이 된 state를 represent한다. 또 PbI_2는 sediment(침전물)로 존재한다는 것을 알 수 있다.

요컨대 element symbol(원소기호)을 사용하여 compound를 represent한 것을 chemical equation이라고 하며 이것을 통해서 reactant의 종류, product의 종류 그리고 reactant와 product를 consist하는 atom과 molecule의 quantity를 알 수 있다. 또 chemical formula 앞의 coefficient로는 molecule의 quantity의 proportion을 알 수 있다.

• Chemical formula(화학식)란?

Chemical formula란 element symbol(원소기호), number(숫자), 그리고 dash(줄표), parenthesis(괄호), + sign(+ 기호), - sign(- 기호) 등을 사용해 compound를 이루는 atom의 property와 number에 대한 정보를 represent하는 방식이다.

Chemical formula에는 empirical formula(실험식), molecular formula(분자식), structural formula(구조식)가 있다.

Empirical formula는 compound에서 atom들의 가장 단순한 positive integer(양의 정수)의 ratio(비)이다. 예컨대 hydrogen peroxide(과산화수소), 즉 H_2O_2의 empirical formula는 HO이다.

Structural formula는 molecular structure(분자 구조)를 graphic(그래픽)으로 represent한 식이다. Atom들이 compound에서 어떻게 arrange(배열)되어 있는지 한눈에 알 수 있다. 예컨대 single bond(단일결합)를 이루는 butane(뷰테인), 즉 C_4H_{10}을 structural formula로 represent하면 아래와 같다.

```
    H   H   H   H
    |   |   |   |
H - C - C - C - C - H
    |   |   |   |
    H   H   H   H
```

Molecular formula는 molecule을 이루는 각 atom의 number를 represent한 식이다. 예컨대 oxygen의 molecular formula는 O_2이고, 여기서 2는 oxygen atom이 2개라는 뜻이다. 마찬가지로 water의 molecular formula인 H_2O를 보면 water molecule은 hydrogen atom 2개와 oxygen atom 1개, 즉 3개의 atom으로 이루어졌음을 알 수 있다.

reading chemistry

반응은 물질이나 조직의 변화에 의해 확인된다(be identified by). 화학에는 두 가지 유형의 변화—물리적인 변화(physical change)와 화학적인 변화(chemical change)가 있다. 물리적인 변화는 에너지와 물질의 상태 변화를 가리킨다.

예를 들어 컵은 어떤 사람이 밟을 때 형태가 바뀐다. 물체의 모양은 바뀌지만 새로운 물질은 형성되지 않는다. 각 얼음이 녹을 때 그것은 액체 상태의 물이 된다(becomes liquid water). 고체에서 액체로 상태의 변화가 있지만 그것은 여전히 똑같은 물질이다. 반면에 화학적 변화는 분자 단계에서(on a molecular level) 발생하는 변화이다.

화학적 변화는 원래 물질(original matter)의 원소 구성(elemental composition)을 바꾸고 새로운 물질을 만든다. 화학반응식은 물리적, 화학적 반응을 설명하기 위해 쓰인다.

다음은 물리적 반응을 보여주는 화학반응식의 예들이다.

용해 (고체가 액체로 변함)	H_2O(고체)	H_2O(액체)
승화 (고체가 기체로 변함)	H_2O(고체)	H_2O(기체)
기화 (액체가 기체로 변함)	C_2H_5OH(액체)	C_2H_5OH(기체)
액화 (기체가 액체로 변함)	NH_3(기체)	NH_3(액체)

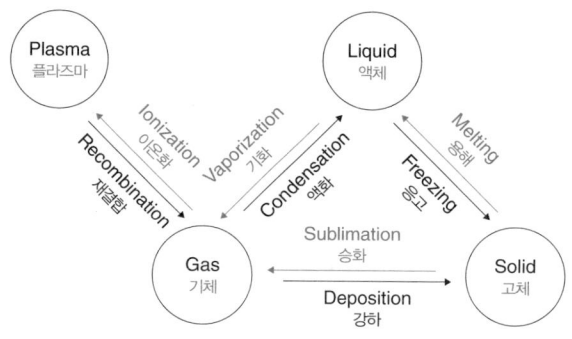

Reactions are identified by a change in a material or a system. In chemistry, there are two types of changes—the physical change and the chemical change. Physical changes refer to changes in energy and states of matter.

For example, a cup changes its shape when someone steps on it. The shape of the object is changed but no new substances are formed. When an ice cube melts, it becomes liquid water. There is a change in the state (from solid to liquid) but it is still the same substance. Chemical change, on the other hand, is a change that happens on a molecular level.

A chemical change alters the elemental composition of the original matter and produces new substances. Equations are used to describe both physical and chemical reactions.

Examples of equations that show physical reactions are the following:

Melting (A solid changing to a liquid)	H_2O(solid)	H_2O(liquid)
Sublimation (A solid changing to a gas)	H_2O(solid)	H_2O(gas)
Evaporation (A liquid changing to a gas)	C_2H_5OH(liquid)	C_2H_5OH(gas)
Condensation (A gas changing to a liquid)	NH_3(gas)	NH_3(liquid)

The examples above show the changes in the state of matter. Note that the chemical components are not altered.

위의 예들은 물질의 상태 변화를 보여준다. 화학적 성분은 바뀌지 않는다는 것을 주목하라.

화학반응

화학반응에서는 2개 이상의 원소들의 결합으로 원자들 사이에 화학결합이 형성되고 새로운 물질이 만들어진다. 물질이 결합하거나 분리될(bond or break together) 때 에너지를 방출하거나 흡수한다(either release or consume). 화학반응식은 화학반응을 설명하기 위해 과학자들이 사용하는 속기다.

다른 원소들이나 화합물은 화학 변화가 끝날 때(at the end of the chemical change) 나타난다. 화합물의 원자들은 새로운 다른 화합물을 만들기 위해 재배열된다.

$$\text{마그네슘} + \text{산소} = \text{산화마그네슘}$$
$$2Mg + O_2 = 2MgO$$

위 예에서 마그네슘은 산소와 반응한다(reacts with).

이것은 마그네슘 산화물이 완전히 다른 특성을 갖고 있기 때문에 왼쪽에 보이는 마그네슘 금속으로의 화학 변화이다. 원자 구조는 재배열된다. 이원자 산소 분자들이 분열하여(be split apart) 하나의 산소 원자는 하나의 마그네슘 원자와 결합한다(combine with).

화학반응식 쓰기

$$Fe + O_2 \rightarrow Fe_2O_3$$

화학반응식에서 반응물질이라고 하는, 반응하는 물질의 부호와 공식은 화살의 왼쪽에 쓰고 반응의 생성물은 오른쪽에 쓴다. 화살은 'gives', 'yields'

Chemical reaction

In a chemical reaction, the joining together of two or more elements results in the formation of a chemical bond between atoms and causes the formation of a new substance. As substances bond or break together, they either release or consume energy. A chemical equation is the shorthand that scientists use to describe a chemical reaction.

Different elements or compounds are present at the end of the chemical change. The atoms in compounds are rearranged to make new and different compounds.

$$\text{Magnesium} + \text{Oxygen} = \text{Magnesium Oxide}$$
$$2Mg + O_2 = 2MgO$$

From the example above, magnesium reacts with oxygen.

This is a chemical change since magnesium oxide has completely different property to magnesium metal shown on the left. The atomic structure is rearranged. Diatomic oxygen molecules are split apart so that one oxygen atom combines with one magnesium atom.

Writing chemical equation

$$Fe + O_2 \rightarrow Fe_2O_3$$

In chemical equations, the symbols and formulas of the reacting substances, called the reactants, are written on the left

또는 'forms'라고 읽고 더하기(+) 기호는 'and'로 읽는다. 더하기(+) 기호가 2개의 반응물질을 위한 화학식 사이에 나타날 때는 '~와 반응한다(react with)'로 읽을 수 있다.

화학반응식의 균형 맞추기

물질 보존 법칙(law of conservation of matter)에 따르면(according to) 물질은 전통적인 화학반응에서 상실되지도 않고 획득되지도 않는다(be neither lost nor gained). 그것은 단순히 형태를 바꾼다. 따라서 우리가 방정식의 왼쪽에 일정수의 원소 원자들을 갖고 있다면 우리는 오른쪽에도 같은 수를 가져야 한다. 화학반응식의 등식화는 반응물질과 생성물 수량 간의 수학적 관계 수립을 의미한다. 이러한 수량은 그램 또는 몰로 표현한다. 반응식의 오른쪽에 있는 원자의 수가 반응식의 왼쪽과 같을 때 균형(화학)방정식(balanced equation)이라고 한다.

$$Fe + O_2 \rightarrow Fe_2O_3$$

Fe 1원자   Fe 2원자
O 2원자   O 3원자

이 반응식을 등식화하기 위해서 먼저 각 유형에 얼마나 많은 원자들이 방정식의 양쪽에 있는지 알아내자. 그런 다음 왼쪽의 단 하나의 화학물질에 있고 이 방정식 오른쪽의 단 하나의 화학물질에 있는 원소를 찾아보자. 각각의 공식 앞에 적절한 수 또는 계수를 쓰자. O 원자들의 숫자를 반응 전후 같게 하기 위해 O_2 앞에 3을 쓰고 Fe_2O_3 앞에 2를 쓰자.

$$Fe + 3O_2 \rightarrow 2Fe_2O_3$$

side of the arrow and the products of the reaction are written on the right side. The arrow is read as "gives", "yields" or "forms" and the plus (+) sign is read as "and". When the plus (+) sign appears between the formulas for two reactants, it can be read as "reacts with".

Balancing a chemical equation

According to the Law of Conservation of Matter, matter is neither lost nor gained in traditional chemical reactions; it simply changes form. Thus, if we have a certain number of atoms of an element on the left side of an equation, we must have the same number on the right side. Balancing a chemical equation refers to establishing the mathematical relationship between the quantity of reactants and products. The quantities are expressed as grams or moles. An equation is said to be balanced when the number of atoms on the right side of the equation is the same on the left side of the equation.

$$Fe + O_2 \rightarrow Fe_2O_3$$

1 atom Fe	2 atoms Fe
2 atoms O	3 atoms O

To balance this equation, start by finding out how many atoms of each type are on each side of the equation. Next, look for an element which is in only one chemical on the left and in only one on the right of the equation. Introduce the proper number or coefficient before each formula. To balance the number of O

반응식 Fe+3O$_2$ → 2Fe$_2$O$_3$은 지금 양쪽에 6원자의 O를 갖고 있지만 Fe 원자 수는 반응 전후 아직 일치하지 않았다(not yet balanced). 왼쪽에는 1원자의 철이 있고 오른쪽에는 4원자의 철이 있으니 철 원자들은 철 앞에 4를 씀으로써 반응 전후가 균형을 이루었다.

$$4Fe+3O_2 \rightarrow 2Fe_2O_3$$

이 반응식은 지금 균형을 이루고 있다. 이 반응식의 양쪽에(on each side) 4원자의 철과 6원자의 O가 있다. 이 방정식은 2분자의 Fe$_2$O$_3$을 형성하기 위해 4원자의 철이 3분자의 O$_2$와 반응한다(react with)는 것을 의미하는 것으로 해석할 수 있다(be interpreted to).

atoms, write a 3 in front of the O_2 and a 2 in front of the Fe_2O_3:

$$Fe + 3O_2 \rightarrow 2Fe_2O_3$$

The equation $Fe + 3O_2 \rightarrow 2Fe_2O_3$ now has 6 atoms of O on each side, but the Fe atoms are not yet balanced. Since there is 1 atom of Fe on the left and 4 atoms of Fe on the right, the Fe atoms can be balanced by writing a 4 in front of the Fe:

$$4Fe + 3O_2 \rightarrow 2Fe_2O_3$$

The equation is now balanced. There are 4 atoms of Fe and 6 atoms of O on each side of the equation. The equation is interpreted to mean that 4 atoms of Fe will react with 3 molecules of O_2 to form 2 molecules of Fe_2O_3.

problem solving

문제1 아래 화학반응식을 균형 있게 완성하시오.

a. $2H_2 + O_2 \rightarrow$
b. $2Cu + O_2 \rightarrow$

문제2 메테인(CH_4) 24g과 산소(O_2) 112g이 들어 있는 일정한 부피의 강철 용기에서 메테인을 완전 연소시켰더니 이산화탄소(CO_2) 기체와 물(H_2O)이 생성되었다.
이에 대한 설명으로 옳은 것을 보기에서 모두 고르시오. (원자량은 $H=1.0$, $C=12.0$, $O=16.0$, 생성된 물은 액체 상태로 존재한다.)

a. 생성된 H_2O의 질량은 54g이다.
b. 반응 후 남은 O_2의 몰 수는 0.5몰이다.
c. 25°C에서 용기 속 기체의 압력은 반응 전후 일정하다.

Example 1 Balance the following chemical equation.

a. $2H_2 + O_2 \rightarrow$

b. $2Cu + O_2 \rightarrow$

Example 2 Methane(CH_4) 24g and oxygen(O_2) 112g were completely combusted in a metal container with a constant volume and carbon dioxide gas(CO_2) and water(H_2O) were produced. Choose all correct explanations. (atomic weight H=1.0, C=12.0, O=16.0, Produced water is in liquid state.)

a. The mass of produced H_2O is 54g.

b. Left over O_2 moles after the reaction are 0.5 mol.

c. In 25°C, the pressure in the container before and after the reaction is the same.

문제3 우리 주변에서 일어나는 화학 변화를 화학반응식으로 옳게 나타낸 것을 보기에서 모두 고르시오.

> a. 고온의 엔진에서는 공기 중의 질소와 산소가 반응하여 일산화질소 기체가 발생한다.
> $N_2(g) + O_2(g) \rightarrow 2NO(g)$
>
> b. 주방의 가스레인지에서 메테인을 연소시키면 이산화탄소 기체와 수증기가 발생한다.
> $CH_4(g) + O_2(g) \rightarrow CO_2(g) + H_2O(g)$
>
> c. 과산화수소수를 상처에 바르면 물과 산소 기체로 분해된다.
> $H_2O_2(aq) \rightarrow H_2O(l) + O_2(g)$

➡ 해답 **1.** a. $2H_2 + O_2 \rightarrow 2H_2O$, b. $2Cu + O_2 \rightarrow 2CuO$ **2.** a, b **3.** a

Example 3 Choose all correct chemical equation of chemical reactions in everyday life.

a. In a heated engine, nitrogen and oxygen in the air react and produce nitro oxide air.
$N_2(g) + O_2(g) \rightarrow 2NO(g)$

b. When methane is combusted on a stove in a kitchen, carbon dioxide gas and vapor are produced.
$CH_4(g) + O_2(g) \rightarrow CO_2(g) + H_2O(g)$

c. If you put hydrogen peroxide on a wound, it decomposes to water and oxygen.
$H_2O_2(aq) \rightarrow H_2O(l) + O_2(g)$

rest in chemistry

Chemical reaction의 대명사, electrolysis(전기 분해)

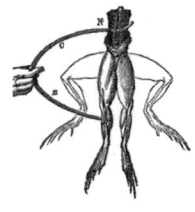

Elecrtolysis란 material에 electric current(전류)를 흐르게 하여 화학 변화를 일으키는 것을 말한다. 그리고 이러한 electrolysis의 발견은 18세기 두 학자에게서 시작되었다. 1771년 이탈리아의 medical scientist(의학자) 이자 physiologist(생리학자)인 Luigi Galvani(루이지 갈바니)

갈바니의 전기 실험

는 electrostatic generator(기전기)가 놓여 있는 실험대에서 해부를 하려고 놓아둔 개구리의 다리가 꿈틀거리는 것을 보고 호기심을 느꼈다. 이후 그는 죽은 개구리를 가지고 다양한 experiment on electricity(전기 실험)를 했고, 죽은 개구리를 움직이게 하는 힘은 개구리의 근육에 내재되어 있거나 개구리의 몸 속에서 만들어진 electricity(전기)라고 결론을 내렸다. 그는 이것을 animal electricity(동물 전기)라고 불렀다.

이후 physicist(물리학자)인 Alessandro Volta(알레산드로 볼타)가 Galvani의 animal electricity에 관한 논문에 의문을 품고 개구리를 이용해 여러 가지 experiment on electricity를 하였다. 그러던 중 동물이 없어도 서로 다른 두 개의 metal을 젖은 헝겊으로 연결하면 electricity가 흐를 수 있다는 사실을 발견하였다. 그는 이 원리를 이용해 battery(전지)를 invent(발명)하였다. 그가 만든 battery는 zinc sheet(아연판)와 copper sheet(구리판)를 두 electrode (극, 전극)로 하는 아주 간단한 형태로 세계 최초였다. 그리고 chemical reaction의 대명사라 할 electrolysis의 가장 대표적인 예 중 하나가 되었다.

위대한 사기꾼 H_2O

어느 날 갑자기 H_2O가 없어지면 지구는 어떻게 변할까? 강물은 모두 말라

버리고 암석은 먼지가 되어 흩어질 것이다. 꽃과 나무는 죽어버리고 모든 생물이 한순간에 생명을 잃을 것이다.

H_2O는 세상에서 가장 간단한 structure를 가진 compound라고 할 수 있지만 한편으로는 가장 놀라운 compound이기도 하다. 과학자들은 H_2O를 일컬어 '위대한 사기꾼'이라고 말하는데, 그 이유는 H_2O가 이 세상에서 가장 irregular(변칙적)한 compound이기 때문이다. Periodic table(주기율표)의 규칙대로라면 H_2O의 boiling point(끓는점)는 상당히 낮아야 한다. 그러나 H_2O는 periodic table의 규칙을 따르지 않는다. H_2O가 liquid에서 gas로 변하는 temperature, 즉 boiling point는 periodic table의 규칙에서 제시한 것보다 약 180°C나 더 높다. 또 freezing point(어는점)도 periodic table의 규칙에 따르면 영하 100°C에서 얼기 시작해야 하지만 H_2O는 이것도 무시하고 0°C에서 ice(얼음)로 변한다.

H_2O 1 molecule은 hydrogen 2 atom과 oxygen 1 atom으로 이루어져 있으며, oxygen이 hydrogen보다 훨씬 더 강하게 electron(전자)들을 attract(끌어당기다)해서 주변에 더 많은 electron들이 모이게 되므로 hydrogen atom은 부분적으로 positive charge(양전하)를 띠고 oxygen atom은 negative charge(음전하)를 띠게 된다. 이렇듯 한 molecule 안에 부분적으로 positive charge를 가지고 있으면서 negative charge를 가진 H_2O를 일컬어 polarity(극성)를 띤 molecule이라고 하는데, polarity를 띤 molecule들은 서로 잘 attract한다. 그리고 H_2O의 polarity 때문에 H_2O는 molecule들끼리 condensation(응집)을 하여 liquid가 되는 것이다.

한편 H_2O는 hydrogen의 부분적으로 positive charge를 띤 property(성질)로 인해 다른 liquid에 비해 boiling point가 매우 높을 뿐 아니라 주위를 밀어붙이는 힘, 즉 surface tension(표면장력)이 커서 solid일 때나 gas일 때 그 volume이 오히려 늘어나는 것이다.

4

Atom
원자

Pure science(순수 과학)나 applied science(응용 과학)의 연구에는 effective(유효)한 difference(차이)가 있다. Applied science에 대한 연구는 확실히 이전 방법의 improvement(개선)와 development(발전)를 가져왔고 pure science에 대한 연구는 전적으로 새롭고 훨씬 더 강력한 방법을 제시하였다. 사실상 applied science에 대한 연구가 새로운 형태로 reform(재편성)됐다면 pure science에 대한 연구는 revolution(혁명)을 가져온 것인데, 그 revolution은 그것이 political(정치적)하든 industrial(산업적)하든 유리하게만 작용한다면 대단한 이익들을 가져다줄 것이다.
—Joseph John Thomson(조지프 존 톰슨)

basic concept

원자의 구조
Structure of an Atom

모든 matter의 basic unit(기본 단위)인 atom은 atomic nucleus(원자핵)와 그 주변을 둘러싼 negatively charged electron(음전하를 띤 전자)들의 cloud(구름, 군)로 구성된다. 그리고 atomic nucleus는 positively charged proton(양전하를 띤 양성자)들과 electrically neutral(전기적으로 중립적)한 neutron(중성자)들의 mix(혼합)를 contain(포함)하고 있다.

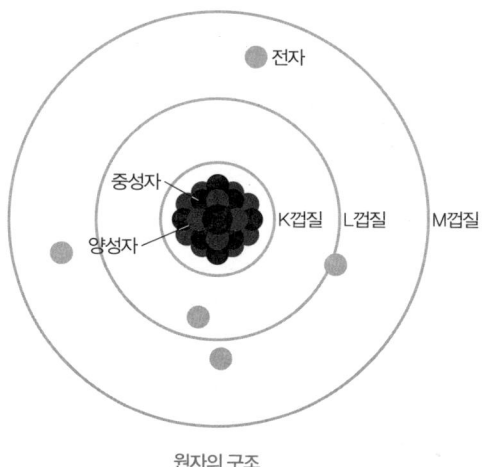

원자의 구조

Negatively charged electron들의 cloud는 structure(구조)가 가장 간단한 hydrogen atom(수소 원자)의 경우 mass(질량)가 1.67×10^{-24}g 정도이고

76 원자

atomic number(원자번호)가 92인 uranium atom(우라늄 원자)은 hydrogen atom보다 약 240배 무겁다. Atomic nucleus는 negatively charged electron들의 cloud에 비해 그 size(크기)가 훨씬 작아서 diameter(지름)가 atom 전체의 약 10만분의 1밖에 안 된다. 그 속에서는 proton(양성자)과 neutron이 몇 개씩 combine(결합)하는데 이것들을 nucleon(핵자)이라고 한다. 그런데 이 nucleon의 mass가 electron의 1,840배나 된다. Atom의 mass는 사실상 atomic nucleus에 모여 있는 것이다. 그런 맥락에서 atom에서는 nucleon들의 총 개수가 mass number(질량수)로 불리기도 한다. 예를 들어 carbon(탄소)-12는 12개의 nucleon(proton 6개, neutron 6개)을 갖고 있다는 의미이다.

Nucleon의 수로 서로 다른 종류의 atom들을 classify(구별)할 수도 있다. 그중에서도 proton의 수는 atomic nucleus 밖에 있는 electron의 수와 그 chemical property(화학적 성질)를 결정한다. 또 proton의 수는 atom의 atomic number와 일치한다. 그 때문에 atomic nucleus를 이루고 있는 neutron의 수가 다른 atom이라도 proton의 수가 같다면 화학적으로 다르게 classify할 수 없고 같은 atom에 속하는 것으로 간주한다. 반면 nucleon의 합이 같은 atom이라도 proton의 수가 다른 경우에는 chemical property가 다르며 다른 atom에 속한다.

Proton의 수가 같고 mass가 다른 atom을 그 atom의 isotope(동위원소)이라고 하며, mass가 같고 proton의 수가 다른 atom은 isobar(동중원소)라고 한다.

• Atomic nucleus의 발견

Atom이란 단어는 그 어원상 smaller(더 작다)한 particle(입자)로 split(쪼개다)할 수 없다는 의미를 담고 있다. 즉 atom을 구성하고 있는 nucleus와 electron을 발견하기까지 인류는 atom이 matter를 이루는 minimum unit(최소 단위)라고 여겼다. 그러나 1896년에 프랑스의 physicist인 Antoine Henri Becquerel(앙투안 앙리 베크렐)이 atom에서 radiation(방사선)이 나온다는 사실을 발견하고 이후 Pierre and Marie Curie(퀴리 부부)가 radiation을 emit(방출)하는 또 다른 atom인 polonium(폴로늄)과 radium(라듐)을 발견함으로써 atom이 모든 matter의 minimum unit의 particle이라는 학설은 더는 믿을 수 없는 것이 되어버렸다. 더 이상 split 할 수 없는 particle에서 무엇이 나올 수는 없는 일이기 때문이다.

그 뒤 많은 과학자들이 atom의 내부가 어떻게 생겼는지를 연구하기 시작하였다. 여러 과학자들이 atom의 size, mass, property, structure 등에 대해 뛰어난 공을 세웠는데, 그중에서도 Ernest Rutherford(어니스트 러더퍼드)가 특히 놀라운 발견을 많이 하였다. 그는 영국의 케임브리지대학교에서 Joseph John Thomson(조지프 존 톰슨)의 지도 아래 공부했고 캐나다에서 Frederick Soddy(프레더릭 소디)와 함께 radioactive element(방사성 원소)의 decay(붕괴)에 대해 연구하였다.

Rutherford와 Soddy는 radium이나 uranium과 같은 radioactive element가 alpha ray(알파선), beta ray(베타선), gamma ray(감마선) 등의 radiation을 emit하는 이유를 찾는 데 집중하였다. 그들은 atom을 heat(가열)하거나 freeze(얼리다)하는 등 temperature(온도)에 change(변화)를 주면서 physical(물리적)하고 chemical(화학적)한 change가 일어나는지 연구하였다. 하지만 temperature는 radioactive decay(방사성 붕괴)에 아무런 영향도 끼치지 않았다.

Radioactive decay는 radioactive element를 포함하는 matter의 physical하고 chemical한 state(상태)에 관계없이 항상 일정한 ratio(비율)로 발생하였다. 이러한 결과는 곧 전체 matter의 mass가 반으로 줄어드는 데 항상 같은 time(시간)이 걸린다는 것을 뜻하였다. 즉 어떤 matter가 decay되어 mass가 100g에서 50g으로 주는 데 1년이 걸렸다면 나머지 50g이 25g으로 주는 데에도 1년이 걸린다는 말이다. 이것은 사람으로 치면 60세인 사람이 다음 10년 동안에 죽을 probability(확률)와 80세인 사람이 다음 10년 동안에 죽을 probability가 같다는 말인데, 실제로는 그렇지 않다. 그러나 atom은 time의 영향을 받지 않을 뿐만 아니라 environment(환경)의 영향도 받지 않는다는 사실이 위와 같은 experiment

(실험)들을 통해 드러났다.

한편 Rutherford는 새로운 atom의 model을 suggest(제시)하기도 하였다. 그 당시 사람들은 atom은 positive charge(양전하)를 띤 pudding(푸딩)에 plum(자두)이 박혀 있는 것처럼 electron이 여기저기 흩어져 있는 모양이라고 생각했다. 이것은 그의 스승이기도 한 Thomson이 suggest한 것으로 plum pudding model 또는 Thomson model이라고 불렸다. 이후 Rutherford가 suggest한 새로운 atomic model은 atomic nucleus를 가지고 있고 electron들이 그 주위를 rapid(빠르다)한 speed(속도)로 돌고 있는 것이었다. 아직 neutron이 발견되지 않았던 때라 그는 atomic nucleus의 structure를 완벽하게 설명할 수는 없었지만 atomic nucleus의 존재만은 정확하게 설명해냈다.

그런데 Rutherford가 알아낸 atom의 모습은 사람들이 상상하던 것과는 전혀 달랐다. 캐나다에서 다시 영국으로 돌아온 그는 1909년 Ernest Marsden(어니스트 마르스덴), Hans Geiger(한스 가이거)와 함께 저 유명한 gold foil experiment(금박 실험)를 한다. 이 experiment에서 아주 얇은 gold foil(금박)에다 alpha particle(알파 입자), 즉 helium nucleus(헬륨 핵)를 쏘았는데, 그중 몇 개가 gold foil을 pass through(통과)하지 못하고 deflect(굴절)되어 튕겨져나오는 것을 발견했다. 만약 Thomson model이 correct(맞다)하다면 deflect되는 alpha particle이 없어야 한다. 모두 pass through했어야 한다. 그는 atom 내 중앙에 아주 작고(튕겨나온 것이 극소수였기에 아주 작은 자리를 차지하고 있을 거라 생각했다.) alpha particle을 튕겨낼 만큼 무겁고 단단한 무언가가 있다고 확신했다. 그가 추측했던 원자의 모습은 다음의 그림과 같다.

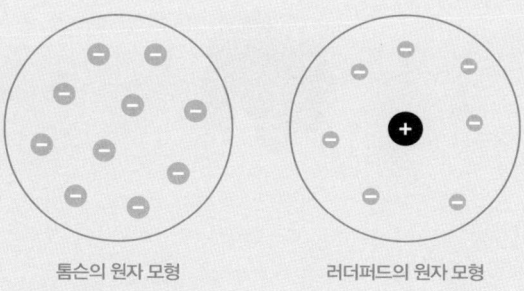

톰슨의 원자 모형 　　　　　　러더퍼드의 원자 모형

reading chemistry

　　지구는 다른 유형의 물질들로 구성되어 있다. 물질은 질량을 가지고 있고 공간을 점유한다. 모든 물질은 더 이상 분해될(broken down) 수 없는 기본 요소들로 구성되어 있다. 원자는 물질의 기본 구성요소이다. 원소들은 그들의 특정한 원자의 특성에 따라 구별되는(be differentiated) 물질들이다. 예를 들어 탄소 원자는 다이아몬드와 흑연을 구성한다. 원자들은 한 원소가 나뉠 수 있는 가장 작은 입자들이다.

원자의 구조

　　원자는 세 개의 입자—전자, 양성자 그리고 중성자로 구성된다(be made up of). 전자는 아주 작고 매우 가벼운 미립자로 음전하를 갖는다. 이들은 원자의 바깥 궤도에(in the outer orbit) 위치한다. 양성자들은 대략 1 원자 질량 단위(amu)의 질량을 가지며 전자보다 훨씬 무겁다. 이들은 양전하를 가지며 원자의 중심 쪽에 위치한다.
　　각 원소는 하나 이상의(at least one) 양성자를 갖는다. 원소들은 그들이 갖

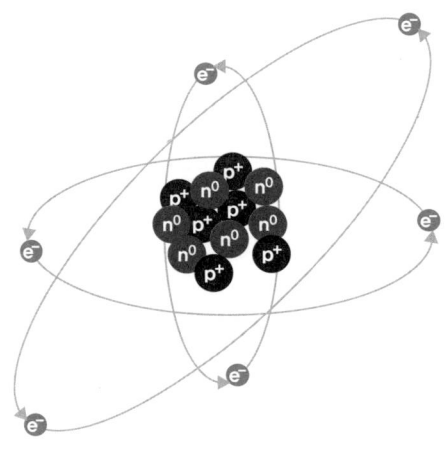

The Earth is made up of different types of matter. Matter has mass and occupies space. All matter is composed of basic elements that cannot be further broken down. Atoms are the basic building blocks of matter. Elements are substances which are differentiated based the property of their particular atoms. For example Carbon atoms make up diamond, and also graphite. Atoms are the smallest particle into which an element can be divided.

Structure of an atom

Atoms are made up of 3 particles—the electrons, the protons and the neutrons. Electrons are tiny, very light particles that have a negative charge. They are located in the outer orbit of the atom. Protons are much heavier than electrons with a mass of approximately 1 atomic mass unit(amu). They are positively charged and located towards the center of the atom.

Each atom has at least one proton. Elements differ from each other with the number of protons they have. Neutrons, on the other hand, are large and heavy like protons but have no electrical charge. With the exception of hydrogen, there are neutrons in the nucleus of all atomy. Each atom is composed almost entirely of empty space.

The matter in the atom consists of a positively charged nucleus of protons and neutrons that are surrounded by a cloud of

고 있는 양성자의 수에 따라 서로 다르다(differ from each other). 반면에 중성자들은 크고 양성자처럼 무겁지만 전하를 갖고 있지 않다. 수소를 제외하고 모든 원자(atomy)의 핵에는 중성자가 있다. 각 원자는 거의 전부 빈 공간으로 구성되어 있다.

원자에 있는 물질은 양전하를 띤(positively charged) 양성자의 핵과 음전하를 띤 수많은 전자에 의해 둘러싸인(surrounded by) 핵으로 이루어져 있다(consist of). 각 원자는 같은 수의 음전하를 띤 전자들과 양전하를 띤 양성자를 갖고 있어서 원자는 전기적으로 중성을 이룬다.

원소

멘델레예프의 주기율표(1869년)

원소는 화학반응에 의해 분해될 수 없는 물질이다. 이미 118개의 알려진 원소들이 있다. 수소, 탄소, 질소와 산소는 대부분의 생물체를 구성하는(make up) 원소들이다. 생물체에서 발견되는 일부 다른 원소들은 마그네슘, 칼슘, 인, 나트륨과 칼륨이다. 1860년대에 이미 60가지의 알려진 원소들이 있었다.

상트페테르부르크대학교의 화학 교수 드미트리 멘델레예프는 원자량에 따라 원소를 배열함으로써 현대 화학과 물리 이론의 기본 틀을 제공했다(provide for). 그의 연구는 원소 주기율표(periodic table of elements)를 탄생시켰다.

negatively charged electrons. Each atom has the same number of negatively charged electrons and positively charged protons, making the atom electrically neutral.

The element

An element is a substance that cannot be broken down by chemical reactions. There are already 118 known elements. The elements hydrogen, carbon, nitrogen and oxygen are the elements that make up most living organisms. Some other elements found in living organisms are: magnesium, calcium, phosphorus, sodium and potassium. In the 1860's, there were already 60 known elements.

Dmitri Mendeleev, a chemistry professor at the University of St. Petersburg, provided the framework for modern chemical and physical theory by arranging the elements based on their atomic weights. His studies gave birth to the periodic table of elements.

Atomic number and mass number

The atomic number of an atom refers to the number of protons it contains. It is what distinguishes one element from another. The atomic number of Hydrogen is 1, and Helium's atomic number is 2. Any atom that has an atomic number of 1 is considered hydrogen, regardless of the number of electrons or neutrons the atom has.

The mass number is the sum of the number of neutrons and protons. The mass number of the most common isotopes can be

원자번호와 질량수

원자의 원자번호는 그것이 함유하고 있는 양성자 수를 가리킨다. 그것은 한 원소를 다른 원소와 구별시켜주는(distinguish from) 것이다. 수소의 원자번호는 1이고, 헬륨의 원자번호는 2이다. 원자번호 1을 갖고 있는 것은 어느 원자든 원자가 갖고 있는 전자나 중성자 수에 관계없이(regardless of) 수소로 간주된다.

질량수는 양성자 수와 중성자 수의 합이다. 가장 흔한 동위원소의 질량수는 원소 주기율표에서 얻을 수 있다.

역사

BC 4세기에 데모크리토스라는 그리스인이 원자 개념을 최초로 제안하였다. atom이라는 말은 그리스어의 '나눌 수 없는(indivisible)'을 의미하는 atomos에서 유래했다(be derived from). 데모크리토스에게 원자들은 모두 같은 물질로 만들어진 것이지만 모양과 크기가 다른 작고 단단한 입자들이었다. 그는 원자들의 수는 무한하여 언제나 움직이고 합쳐질 수 있다고 하였다.

그 시기 동안 아리스토텔레스는 다른 물질 이론을 내놓으면서 모든 물질은 공기, 흙, 물, 불로 구성되어 있다고 말하였다. 데모크리토스의 개념은 아리스토텔레스의 영향 때문에 대부분 무시되었다. 그 후 2000년이 넘도록 그리스인들이 연구하던 물질의 성질을 아무도 탐구하지 않았다.

1800년대 초에 이르러서야 사람들은 다시 물질 구조를 연구하기 시작했다. 영국의 화학자인 존 돌턴은 여러 가지 화학물질을 이용하여 실험하였다. 그는 물질은 아주 작은 딱딱한 공으로 구성된 것 같다고 말하였다. 그는 또한 각각의 화학 원소는 질량에 있어서 다른 것들과 다른(differ from) 고유의 원자들을 갖고 있다고 말하였다. 돌턴은 원자들은 자연의 기본적인 입자이고 쪼개질 수 없다고 믿었다. 존 돌턴은 본질적으로 현대 원자 이론의 아버지다.

19세기 말까지 원자 개념은 조그만 고체의 당구공과 비슷하다는(be similar

obtained from the periodic table.

History

In the 4th century BC a Greek named Democritus first proposed the idea of the atom. The word '*atom*' was derived from the Greek word *atomos*, meaning "indivisible". To Democritus, atoms were small, hard particles that were all made of the same material but were different shapes and sizes. He proposed that atoms were infinite in number, always moving and capable of joining together.

During that time, Aristotle proposed a different theory of matter, stating that all matter is composed of air, earth, water and fire. Democritus' ideas were largely ignored due to Aristotle's influence. For more than 2000 years nobody continued the explorations that the Greeks had started into the nature of matter.

It was not until the early 1800's that people began again to question the structure of matter. John Dalton was an English chemist who performed experiments with various chemicals. He observed that matter seemed to consist of tiny, hard balls(atoms). He also observed that each chemical element had its own atoms that differed from others in mass. Dalton believed that atoms were the fundamental building blocks of nature and could not be split. John Dalton is essentially the father of modern atomic theory.

Up until the end of the 19th century the concept of atom was similar to a small solid billiard ball. In 1897, the English physicist to) 것이었다. 1897년 영국인 물리학자 J. J. 톰슨은 전자를 발견하고 원자 구조의 모델을 제안하였다. 그의 이론에 따르면(his theory proposed that) 아주 작은 음극을 띤 전자들이 수많은 양전하에 박혀 있었다(be embedded in). 그는 전자들을 사이에 간격을 두고 자두 푸딩 속에 있는 자두 조각으로 상상하였다. 그의 원자 이론은 '자두 푸딩 모델'로 알려진 원자 모델을 제안하였다.

1911년에 어니스트 러더퍼드가 새로운 원자 모델을 제시하였다. 그의 이론에 따르면 양전하는 아주 작은 양으로 원자의 중심에 집중돼(be concentrated) 있어야 한다. 그의 원자 모델은 전자들은 고밀도의 양극을 띤 주위를 궤도를 그리며 돈다는(orbit around) 것을 보여주었다.

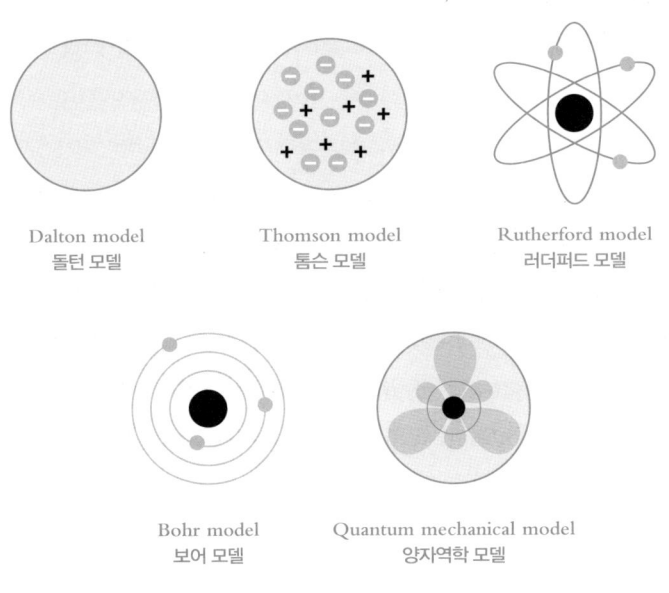

Dalton model
돌턴 모델

Thomson model
톰슨 모델

Rutherford model
러더퍼드 모델

Bohr model
보어 모델

Quantum mechanical model
양자역학 모델

원자 모델의 변천

보어 모델과 양자역학 모델

닐스 보어라는 덴마크의 물리학자가 러더퍼드 모델을 수정함으로써 1914

J.J. Thomson discovered the electron, and proposed a model for the structure of the atom. His theory proposed that the tiny negatively charged electrons are embedded in a cloud of positive charge. He imagined the electrons as the pieces of plum in a plum pudding with spaces between. His atomic theory proposed a model of atom which is known as the "Plum pudding model".

In 1911, Ernest Rutherford suggested a new model for the atom. According to his theory, the positive charge must be concentrated in a tiny volume at the centre of the atom. His model of an atom showed electrons orbiting around a dense, positively charged nucleus.

The Bohr Model and the Quantum Mechanical Model

Another important development came in 1914 when a Danish physicist named Neils Bohr revised the Rutherford Model. In the model of the atom postulated by Niels Bohr, electrons surrounding the nucleus are held in circular orbits. The electrons move in these orbits much as planets orbit the sun. Bohr suggested that electrons orbit the nucleus in certain fixed levels or shells. Energy is given out when the "excited" electrons fall from a high energy state to a low one.

The quantum mechanical model is based on quantum theory, which says that matter also has property associated with waves. According to quantum theory, it's impossible to know the exact position and momentum of an electron at the same time. This is known as the Uncertainty principle. The quantum mechanical

년에 또 다른 중요한 발견을 이루어냈다. 닐스 보어가 주장한 원자 모델에서는 핵을 둘러싸고 있는 전자들은 원 궤도에 있다. 전자들은 행성들이 태양 주위를 돌 듯이 이 궤도를 따라 움직인다. 보어는 전자가 특정한 방식으로(in certain fixed levels or shells) 핵 주위를 돈다고 주장하였다. '흥분한' 전자들은 고에너지 상태에서 저에너지 상태로 떨어질(fall to) 때 에너지를 방출한다(give out).

양자역학 모델은 양자론을 기초로 한(be based on) 것인데, 이 이론에 따르면 물질은 또한 파동과 관련된(associated with) 특성을 갖고 있다. 양자론에 따르면 전자의 정확한 위치와 운동량을 동시에 알기가 불가능하다. 이것은 불확정성 원리로 알려져 있다. 원자의 양자역학 모델은 전자가 될 것 같은 공간의 용적으로 구성된 복잡한 궤도 모양(때로 전자구름이라고 불리는)을 사용한다. 이 모델은 확실성보다는 가능성을 기초로 한다.

보어 모델과 양자역학 모델은 오늘날 각각 다른 기능을 수행한다.

model of the atom uses complex orbital shapes(sometimes called electron clouds), composed of volumes of space in which there is likely to be an electron. This model is based on probability rather than certainty.

The Bohr model and the Quantum mechanical model are used today, each serving both different functions.

problem solving

문제1 탄소 원자 1개의 실제 질량을 이론적으로 계산하려고 할 때 꼭 필요한 자료만을 보기에서 모두 고르시오.

a. 탄소의 원자번호   b. 탄소의 원자량   c. 아보가드로 수   d. 탄소의 밀도

문제2 다음 중 보어의 원자 모형에 대한 설명으로 옳지 않은 것은?

a. 전자는 원자핵 주위의 특정 궤도에서 원운동을 한다.
b. 원자핵에서 멀리 떨어진 전자껍질일수록 에너지 준위가 높다.
c. 전자가 원자핵에 가까운 안쪽 전자껍질로 전이할 때는 에너지를 흡수한다.
d. 전자가 전이할 때 흡수하거나 방출하는 빛 에너지는 두 전자껍질의 에너지 준위 차이에 따라 결정된다.

➡ 해답 **1.** b, c   **2.** c

Example 1 Choose necessary information to calculate actual mass of a carbon atom.

a. Atomic number of carbon
b. Atomic mass of carbon
c. Avogadro's number
d. Density of carbon

Example 2 Which one is not an explanation of Bohr's atomic model?

a. Electrons orbit around the atomic nucleus in a circular motion.
b. The further electron shell from nucleus, the higher energy level it has.
c. An electron absolves energy when it transit to inner shell that is closer to nucleus.
d. When an electron transits, the light energy absolved or released is decided depends on the differences between the two shell's energy level.

rest in chemistry

세상에서 가장 단단한 carbon crystal(탄소 결정체)인 diamond(다이아몬드)

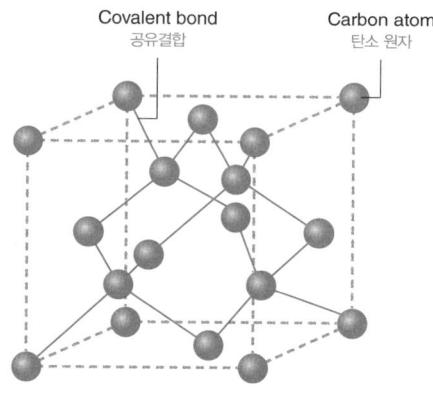

다이아몬드의 분자 구조

Diamond는 carbon atom들의 crystal이다. 지하 약 250km 깊이에서 높은 temperature와 pressure(압력)를 받은 carbon atom이 각각 4개의 다른 carbon atom과 covalent bond(공유결합)를 이루면서 안정적인 regular tetrahedral structure(정사면체 구조)로 arrange(배열)되어 diamond가 만들어진다.

   Diamond는 그 어떤 matter(물질)보다도 단단하다. 이러한 property 때문에 diamond는 다른 metal(금속)을 cut(절단)하는 데 아주 유용하게 사용된다. 주변에서 쉽게 볼 수 있는 것 가운데 치과에서 사용하는 드릴이 있다. 드릴의 끝부분을 유심히 보면 반짝거리는 diamond를 발견할 수 있을 것이다.

   이러한 diamond가 carbon으로 이루어져 있다는 사실을 처음 발견한 사람은 프랑스의 화학자 Antoine Laurent Lavoisier(앙투안 로랑 라부아지에)이다. 그는 뜨거운 sunray(태양 광선)를 거대한 돋보기를 이용해 diamond에 집중시켰는데, diamond에서 gas(기체)가 발생하면서 동시에 diamond가 없어져버렸다고 한다.

Element(원소)의 이름 속에 담긴 의미들

인류가 지금까지 발견한 element는 모두 118가지다. 그중 32가지는 19세기 이전에 발견한 것이며 나머지는 최근 2세기 동안에 발견한 것이다. 사람들은 새로운 element를 발견할 때마다 나름의 의미를 담아 새로운 이름을 달아주었다. Element의 이름을 살펴보는 일은 그것을 통해 element의 property(성질)와 history(역사) 등을 알 수 있다는 점에서 매우 흥미롭다. 어떤 element의 이름은 그 자체로 element의 property를 나타낸다. 몇 가지 대표적인 예를 살펴보면 다음과 같다.

- Argon(아르곤)

일반적인 경우에 다른 matter와 chemical reaction(화학반응)을 잘 하지 않는 inert gas(불활성 기체)로 '활발하지 않은', '게으른'이라는 뜻의 그리스어 argos에서 생겨났다.

- Radium(라듐)

Radioactive element로 '빛', '사선'이라는 뜻의 라틴어 radius에서 생겨났다. Radium은 Pierre and Marie Curie가 uranium ore(우라늄 광석)에서 발견한 새로운 element이다. Radium은 uranium이 연속으로 decay(붕괴)하면 만들어지고 radium이 decay하면 radon(라돈)이 만들어진다. Radon은 radium이 radiation(방사선)을 emit(방출)한 후에 생성된 element로서 이것 역시 radioactive element이다.

- Chlorine(염소)

Room temperature(상온)에서 yellow-green(황록색)을 띠는 gas로 '녹색'

이라는 뜻의 그리스어 chlor에서 생겨났다.

● Bromine(브롬)

Room temperature에서 유일하게 liquid(액체)인 nonmetal(비금속)이다. 쉽게 휘발하며 gas일 때 characteristic(특유의)한 smell(냄새)이 나서 프랑스의 화학자 Joseph Louis Gay-Lussac(조제프 루이 게이뤼삭)이 '악취'라는 뜻의 희랍어 bromos에서 그 이름을 따왔다.

과학자들은 spectral analysis(스펙트럼 분석)를 통해 element를 발견하고 그것들이 나타내는 spectral line(스펙트럼선)의 색깔에 근거해 이름을 짓기도 하였다. 예컨대 indium(인듐)은 spectral line의 색깔이 indigo(인디고) 염료와 비슷하다 해서 이름 지어졌다. 또 녹색의 spectral line을 가지는 thallium(탈륨)은 '녹색의 가지'라는 뜻의 그리스어 thallus에서 생겨났다.

그 외에 element가 존재하는 mineral(광물)에 근거해 이름이 붙은 것도 있다. Alum(명반) 중에 존재하는 aluminium(알루미늄), calx(석회석) 중에 존재하는 calcium(칼슘), silex(규석) 중에 존재하는 silicon(규소) 등이 그러한 element들이다.

5

Atomic Orbital
원자 오비탈

Quantum mechanics(양자물리학, 양자역학)의 발전으로 오늘날 우리는 atomic nucleus(원자핵) 주위를 orbit(궤도를 돌다)하는 electron(전자)들이 단순한 particle(입자)이 아니라 wave(파동)로 exist(존재)한다는 사실을 알게 되었다. 또 electron의 accurate(정확)한 position(위치)은 모르지만 electron이 발견될 probability(확률)은 알 수 있게 되었다.
이에 따른 현대적인 atomic model(원자 모델)을 orbital(오비탈), 즉 atomic orbital(원자 오비탈)이라 하는데, orbital은 실제 orbit(궤도)은 아니지만 그와 비슷한 특징을 띠며 orbit이라는 단어에서 비롯되었다.

basic concept

원자 오비탈의 의미
Meaning of Atomic Orbital

Orbital, 즉 atomic orbital이란 atom에서 electron 하나 또는 electron 한 쌍이 움직이고 있는 공간을 수학적인 방식으로 나타낸 것이다. 다시 말해 particle의 property(성질)와 wave의 property를 함께 띤 electron이 atom의 nucleus(핵) 주변 어딘가에서 발견되기는 하는데, 그 위치를 accurately(정확)하게 measure(측정)할 수 없으니까, 그것이 '어딘가에서 발견'될 probability를 function(함수)으로 표현한 것이다. Electron의 움직임을 보여주는 이 function을 wave function(파동함수)이라 한다.

예컨대 hydrogen atom(수소 원자)에서 electron은 nucleus로부터 무한대에 이르는 거리 사이에서 존재하되 운동을 하고 있기 때문에 시간에 따라 그 position이 바뀐다. 이때 electron이 어떤 position에 있을 probability를 wave equation(파동방정식)을 이용해 구할 수 있다. 이 wave equation을 발견한 사람이 바로 Erwin Schrödinger(에르빈 슈뢰딩거, 1887~1961)이다.

Schrödinger equation(슈뢰딩거 방정식)은 다음과 같다. 단, Schrödinger equation은 시간에서 독립적이다.

$$\hat{H}\psi = E\psi$$

여기서 ψ, 즉 psi(프사이)는 wave function으로서 삼차원 공간에서 electron의 position을 spherical coordinates(구면좌표)인 (r, θ, φ)로 나타낸

function이고 $\hat{H}$는 Hamiltonian operator(해밀토니안 연산자)로서 ψ에 작용하며 total energy(전체 에너지)에 correspond(대응)한다. 그리고 E는 ψ 상태에서의 total energy를 나타내며 constant(상수)이다.

그런가 하면 Schrödinger와 더불어 quantum mechanics의 창시자라 할 수 있는 Werner Heisenberg(베르너 하이젠베르크, 1901~1976) 또한 Uncertainty principle(불확정성 원리)을 통해 오늘날 우리가 atomic orbital을 파악하는 데 있어 지대한 업적을 남겼다.

Heisenberg의 Uncertainty principle은 다음과 같다.

$$\Delta x \cdot \Delta p \geq \frac{h}{2}$$

여기서 Δx는 position의 standard deviation(표준편차), Δp는 momentum(운동량)에 대한 standard deviation이며 $\frac{h}{2}$는 Δx와 Δp의 곱의 minimum amount(최솟값)이다. 그리고 h는 Planck constant(플랑크 상수)이다.

이에 따르면 position이 accurately하게 measure될수록 momentum은 inaccurately(부정확)하게 measure되며 그 역도 마찬가지이다. 다시 말해 어떤 electron의 position과 momentum을 simultaneously(동시에)하게 그리고 accurately하게 measure하는 것은 불가능하며, 이것은 electron의 accurate한 이동 경로를 알 수 없다는 wave function의 원리에 일치한다.

이 같은 연구와 발견으로 현대적인 atomic model인 orbital이 등장하게 된다. Orbital은 앞에서도 설명했듯 nucleus 주위를 도는 electron의 position에 대한 probability이며, electron이 특정한 곳(점)에서 발견될 probability는 $|\psi|^2$, 즉 wave function의 absolute value(절댓값)의 square(제곱)로 나타내어진다.

> **reading chemistry**

원자 오비탈

베르너 하이젠베르크(1901~1976)

전자들은 끊임없이 움직이고 원자 핵 주변을 빠른 속도로 회전한다. 하이젠베르크의 불확정성 원리에 따르면, 한 원자에 있는 전자의 정확한 위치를 알아내기란 불가능하다. 그러나 주어진 위치에서(at a given position) 전자를 발견할 확률은 계산할 수 있다.

전자를 포함할 확률이 높은 지역은 높은 전자 밀도를 갖게 될 것이다. 원자 오비탈은 양자물리학의 수학적 이용에서 나온(be derived from) 것이다. 그것은 전자가 발견될 가능성이 높은 공간의 한 지점을 나타내는 것이다. 원자 껍질 또는 오비탈은 전자 궤도의 핵으로부터의 거리이다. 이 원자 껍질 또는 오비탈은 별개의 이름들에 의해 식별된다(be identified by).

양자 이론에 따르면 전자는 핵 주변 어느 곳에서도 발견될 수 있다. 과학자들은 고등 수학(advanced math)을 사용해서 전자가 오비탈이나 껍질에 있다는 것을 어림잡거나 추측할 수 있다. 이 오비탈은 물리적으로는 존재하지 않는다. 이들은 파동함수 ψ를 이용하는 수학적 구조물인데 파동함수는 전자의 운동을 설명한다.

역사

닐스 보어(1885~1962)가 상정한 원자 모델에서 핵 주변의 전자들은 원

Atomic orbital

Electrons are constantly moving and they spin quickly around the nucleus of an atom. According to the Heisenberg's Uncertainty principle, it is impossible to determine the exact location of an electron in an atom. However, the probability of finding an electron at a given position can be calculated.

An area with a high probability of containing an electron will have a high electron density. An atomic orbital is derived from the mathematical use of quantum physics. It is a representation of a region in space in which an electron is most likely to be found. The atomic shell, or orbital, is the distance from the nucleus of the electron's orbit. These atomic shells, or orbitals, are identified by distinct names.

According to quantum theory, an electron can be found anywhere around the nucleus. Using advanced math, scientists are able to approximate, or guess, that electrons are in orbitals or shells. These orbitals do not physically exist. They are mathematical constructs which make use of a wave function, ψ, which describes the motion of an electron.

History

In the model of the atom postulated by Niels Bohr(1885~1962), electrons surrounding the nucleus are placed in circular

닐스 보어(1885~1962)

궤도에 놓인다(be placed in). 태양 주변을 도는 행성들처럼(such as planets) 전자들은 궤도 안에서 움직인다. 보어는 다른 궤도의 전자 에너지가 양자화되었다고 가정했다. 즉 궤도가 커지면서 에너지가 계속적으로 증대하지는 않았지만 대신에 각 오비탈마다 에너지를 가지고 있다고 했다. 전자와 같은 소립자들의 행동을 설명하기 위한 보어의 고전 역학 사용은 불충분한 것으로 입증되었다. 특히 이 모형은 불확정성 원리를 고려하지 않았기 때문이다.

전자들의 운동이 전자 행동의 이원적인 성질로 알려진 파동과 입자의 특성을 드러냈다는 것이 증명되었을 때, 고전 역학 접근법은 보다 새로운 양자역학 이론에 의해 대체되었다(be replaced by).

양자수

양자수라고 불리는 네 숫자는 전자와 그 오비탈의 특성을 설명하기 위해 소개되었다: 주양자수(n), 각운동량 양자수(l), 자기 양자수(m)와 스핀 양자수(m_s).

주양자수는 최초의 양자수이며 주요 에너지 준위를 지정한다. 이것은 가장 중요한 양자수인데 왜냐하면 다른 두 (양자)수의 가치가 주양자수에 부여된(assigned to) 가치에 달려 있기(depend on) 때문이다. 또 방위 양자수라고 불리는 각운동량 양자수는 주요 에너지 준위 내에 있는 특정한 에너지 부준위나 부껍질을 지정한다.

이것은 n의 값보다 하나 작은 0부터 양의 정수 값을 가질 수 있다. 이 양자

orbits. The electrons move in these orbits such as planets orbit the sun. Bohr assumed that the energy of the electron in different orbits was quantized, that is, the energy did not increase in a continuous manner as the orbits grew larger, but instead had discrete values for each orbit. Bohr's use of classical mechanics to describe the behavior of small particles such as electrons proved unsatisfactory, particularly because this model did not consider the Uncertainty principle.

When it was proved that the motion of electrons displayed property of both waves and particles, known as the dual nature of electronic behavior, the classical mechanical approach was replaced by the newer theory of quantum mechanics.

Quantum numbers

Four numbers, called quantum numbers, were introduced to describe the characteristics of electrons and their orbitals: Principal quantum number(n), Angular momentum quantum number(l), Magnetic quantum number(m) and Spin quantum number(m_s).

The Principal quantum number is the first quantum number and designates the main or principal energy level. This is the most important quantum number because the values of the other two numbers depend on the value assigned to the principal number. Angular Momentum Quantum Number, also called the Azimuthal Quantum Number, designates the particular energy sublevel or subshell within a principal energy level.

It can have positive integer values from zero to one less than

수가 오비탈의 모양을 구별 짓는다(distinguish). 다른 부준위들은 보통 글자에 의해 다음과 같이(as follows) 표시된다.

문자	s	p	d	f ⋯
l	0	1	2	3 ⋯

자기 양자수는 여러 가지 오비탈들이 공간에서 자신의 위치를 확인하는 방법을 설명한다. 이 (양자)수의 값은 l의 값에 달려 있다(depend on). 허용되는 (allowed) 값은 -1에서 0, +1에 이르는 정수들이다.

스핀 양자수는 전자가 자기장(magnetic field)에서 회전하고 있는(spin in) 전자의 방향을 나타낸다. 오직 두 개의 값만이 허용된다.

$$+\frac{1}{2} \text{ 또는 } -\frac{1}{2}$$

the value of *n*. This quantum number distinguishes the shape of the orbital. The different sublevels are usually denoted by a letter as follows:

Letter	s	p	d	f ...
l	0	1	2	3 ...

The Magnetic quantum number describes how the various orbitals are oriented in space. The value of this number depends on the value of l. The values allowed are integers from -l to 0 to +l.

The Spin quantum number describes the direction the electron is spinning in a magnetic field. Only two values are allowed:

$$+\frac{1}{2} \quad \text{or} \quad -\frac{1}{2}$$

problem solving

문제 1 원자 오비탈에 대해 잘못된 설명을 고르시오.

```
1s
2s 2p
3s 3p 3d
4s 4p 4d 4f
5s 5p 5d 5f ⋯
6s 6p 6d ⋯ ⋯
```

a. 오비탈의 종류는 s, p, d, f가 있다.
b. 전자는 에너지가 낮은 오비탈부터 채워진다.
c. 다전자 원자에서 에너지 준위는 4s > 3d이다.
d. 오비탈 1개당 들어갈 수 있는 전자 수는 2개까지다.
e. 주양자수 $n=2$인 L 전자껍질에는 2s 오비탈과 2p 오비탈이 있다.

Example 1 Choose the wrong explanation about atomic orbital.

1s
2s 2p
3s 3p 3d
4s 4p 4d 4f
5s 5p 5d 5f ⋯
6s 6p 6d ⋯ ⋯ ⋯

a. There are 4 kinds of orbital, s, p, d, and f.
b. Electrons are filled up from the orbital with the lowest energy.
c. The energy sublevel for many electron atom is 4s⟩3d.
d. The number of electrons that can get into one orbital is up to two.
e. There are 2s orbital and 2p orbital in L electron shell that has principle quantum number $n=2$.

문제2 제시문이 참인지 거짓인지 표시하시오.

> a. 전자는 정확한 위치를 알 수 있다. (   )
> b. 전자는 궤도가 커질수록 더 많은 운동량을 획득한다. (   )
> c. 전자의 운동성은 파동과 입자로 설명할 수 있다. (   )

문제3 그림은 양성자 수가 11인 어떤 입자의 전자 배치를 보어 모형으로 나타낸 것이다. 전자 a, b, c에 대한 설명으로 옳은 것을 보기에서 모두 고르시오. (단, c는 입자로 들어가는 전자이다.)

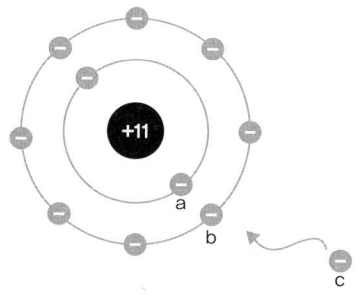

> a. a와 핵 사이의 인력은 b와 핵 사이의 인력보다 크다.
> b. 전자 c는 b가 속한 전자껍질에 들어갈 수 없다.
> c. c가 들어가면 주어진 입자는 중성 원자가 된다.

➡ 해답 1. c 2. a-(F), b-(F), c-(T) 3. a, b, c

Example 2 Indicate whether the statement is true or false.

a. It is possible to determine the exact location of an electron.
( )

b. An electron gains more momentum as the orbits grow larger.
( )

c. The motion of an electron can be explained by waves and particles.
( )

Example 3 The picture shows an electronic configuration of a particle that has 11 electrons in Bohr's model. Choose all correct explanations for electron a, b, and c. (But, c is electron getting into a particle.)

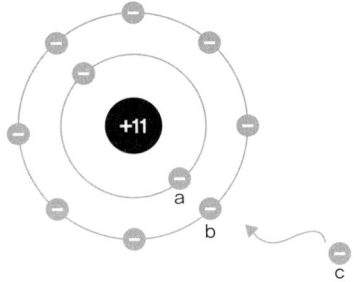

a. The attraction between a to the nucleus is bigger than the attraction between b. and the nucleus.

c. Electron c can't get into the electron shell that electron b is in.

d. If c gets into a particle, the particle becomes neutral.

Atomic Orbital 107

rest in chemistry

Atom의 역사

STM, 즉 scanning tunneling microscope(주사터널현미경)과 같은 device(장비)를 이용해 surface(표면)를 볼 수 있는 오늘날에는 누구나 atom의 존재를 인정하지만 19세기 후반까지만 해도 많은 사람들이 atom의 존재를 믿지 않았다.

Matter(물질)가 무엇으로 compose(구성)되었는지 그 근본에 대해 처음으로 고민한 사람은 기원전 600년경에 활동한 고대 그리스의 philosopher(철학자)이자 mathematician(수학자), astronomer(천문학자)인 Thales(탈레스)이다. 그는 water는 모든 substance의 기본이 되는 element라고 생각하였다. 또 기원전 460년경 Empedocles(엠페도클레스)는 모든 matter는 air(공기), fire(불), water(물), earth(흙)라는 네 가지 element로 구성되어 있다고 생각하였다. 이러한 생각은 Plato(플라톤)와 그의 제자인 Aristotle(아리스토텔레스)에게 계승되었다. 그들은 element를 더 작은 단위로 split(나누다)할 수 없고 대신 matter를 무한대로 작게 cut(자르다)할 수 있다고 믿었다.

한편 기원전 5세기에 그리스의 philosopher인 Leucippus(레우키포스)와 그의 제자 Democritus(데모크리토스)는 matter를 계속해서 cut하면 더 이상 split할 수 없는 particle에 도달할 것이라고 생각하였고, 이 particle을 더 split할 수 없다는 뜻의 atomos라고 불렀다. Democritus는 여러 가지 matter는 size(크기)와 shape(모양)이 서로 다른 atom들이 combine(결합)해 compose되었다고 생각하였다. 그가 머릿속으로 그린 atom에는 mass(질량)에 대한 개념이 빠져 있었으며 atom의 property를 결정하는 요인은 size와 shape이라고 생각하였다. 예를 들어 water를 이루는 atom은 둥글어서 water가 흐를 수 있고, 돌과 같은 matter의 atom은 사각형 모양 안에 빽빽하게 들어서 있기 때문에 단단하고 무거운 property를 지닌다고 생각하였다.

그러나 사람들은 Plato와 Aristotle을 더 신뢰했고 1800년대 초에 Dalton이 atomic theory(원자론)를 들고 나오기까지 약 2000년 동안 element보다 더 작은 unit(단위)은 없다고 믿었다.

물론 그보다 훨씬 앞선 시기에도 Aristotle 등이 주장한 classical elements(고대 원자)에 대해 문제 제기를 한 과학자들은 많다. 대표적으로 영국의 Boyle(보일)은 gas(기체)의 pressure(압력)와 volume(부피)의 관계를 연구하면서 air(공기)는 gas, fire는 energy(에너지), water는 liquid(액체), earth는 solid(고체) 라는 특정한 state(상태)를 나타낼 뿐이며, element는 더 simple(단순)한 substance로 decompose(분해)할 수 없는 substance라고 point out(지적)함으로써 modern atomic theory(현대 원자론)의 길을 열기도 했다.

Hydrogen atom(수소 원자)의 $|\psi|^2$

Hydrogen atom의 wave function을 점을 찍어 이차원으로 나타내면 옆의 그림과 같고 삼차원으로 나타내면 sphere(구) 모양이 된다. Hydrogen atom은 가장 단순한 1s orbital을 갖는다.

그림에서 보듯 electron이 발견될 probability는 atomic nucleus에 가까울수록 크다. 또 점은 electron이 그곳에 존재할 probability가 90퍼센트 이상인 곳을 의미할 뿐 electron 자체를 의미하지는 않는다.

Electron은 atomic nucleus에 대해 quantization(양자화)이 되어 있을 뿐

모든 electron이 atomic nucleus 가까이에 있는 것은 아니며 고르게 퍼져 있다. 심지어 2s orbital로 넘어가면 electron이 아예 존재하지 않는 곳도 있다.

한편 electron이 발견될 probability를 점으로 표시하면 atomic nucleus 주변에 구름이 퍼져 있는 것처럼 보이기에 atomic orbital을 electron cloud(전자구름)라고도 한다.

Orbital의 이름에 담긴 orbital의 property

Atom에서 각 orbital은 quantum number(양자수) n, l, m으로 나타내는데, n, l, m은 각각 electron's energy(전자의 에너지), angular momentum(각운동량), angular momentum의 vector component(벡터 요소)에 의해 규정된다. 그리고 orbital과 직접적인 관련은 없지만 spin quantum number(스핀 양자수)가 있다.

이를 토대로 $1s^2$라는 orbital의 이름을 살펴보면 다음과 같은 규칙이 적용되어 있다.

먼저, $1s^2$에서 1은 energy level(에너지 준위)로 principal quantum number(주양자수) n에 대응한다.

다음으로, s는 orbital의 shape 또는 subshell을 뜻하는 letter(문자)로 azimuthal quantum number(방위 양자수)이다. Azimuthal quantum number는 angular momentum quantum number(각운동량 양자수)라고도 하며, s의 angular momentum quantum number는 0이다. 참고로 s orbital, p orbital, d orbital, f orbital은 각각 azimuthal quantum number가 0, 1, 2, 3인 orbital이다. 여기서 s, p, d, f는 초기의 spectroscopist(분광학자)들이 alkali metal(알칼리금속)의 spectroscopic line(스펙트럼 선)을 sharp, principal, diffuse, fundamental로 묘사한 데서 비롯되었으며 s는 공 모양, p는 아령 모양, d는 아령 2개가 직각으로 놓여 있는 모양을 띤다.

끝으로, $1s^2$에서 2는 해당 orbital에서의 number of electron(전자 수)을 가리킨다.

또 sp^3와 같은 경우는 hybrid orbital(혼성 오비탈)을 의미한다. 즉 angular quantum number가 s인 orbital과 angular quantum number가 p이고 number of electron이 3인 orbital이 mix(혼합)되어 새로운 hybrid orbital을 form(만들어내다)한 것이다.

Orbital 오비탈	Max electrons 최대 전자 수	Azimutul quantum numbers 방위 양자수	Magnetic quantum numbers 자기 양자수
s	2	0	0
p	6	1	−1, 0, +1
d	10	2	−2, −1, 0, +1, +2
f	14	3	−3, −2, −1, 0, +1, +2, +3

6

The Periodic Table of Elements
원소 주기율표

Periodic table(주기율표)은 element(원소)를 쉽게 구분할 수 있도록 그 property(성질)에 따라 arrange(배열)한 table(표)로, compound (화합물)의 property를 classify(분류)하고 compare(비교)하는 데 중요한 frame(틀)으로 자리 잡았다. 화학자들은 새로운 element를 발견하고 새로운 이론을 세울 때마다 periodic table을 계속 수정해 왔다.
Periodic table은 오늘날 science(과학)와 industry(산업)를 아울러 다양한 분야에서 유용하게 쓰이고 있다.

🍎 basic concept

주기율표의 역사
History of Periodic Table

 Periodic table의 역사는 Johann Wolfgang Döbereiner(요한 볼프강 되베라이너)의 triad(삼조원소)의 발견에서 시작되었다고 볼 수 있다. Döbereiner는 3개의 element로 구성된 group(무리) 중 어떤 element는 첫 번째 element와 세 번째 element의 atomic weight(원자량)의 average(평균)가 두 번째 element와 동일하다는 사실을 알아냈다. 예컨대 lithium(리튬)-sodium(나트륨)-potassium(칼륨)으로 이루어진 triad에서 lithium의 atomic weight는 6.9, potassium의 atomic weight는 39.0이며, sodium의 atomic weight는 첫 번째와 세 번째 element의 arithmetic mean(산술평균)인 23.0이다. 이러한 triad에는 lithium-sodium-potassium 외에도 chorine(염소)-bromine(브롬)-iodine(아이오딘), sulfur(황)-selenium(셀레늄)-tellurium(텔루륨), carbon(탄소)-nitrogen(질소)-oxygen(산소), ferrum(철)-cobalt(코발트)-nickel(니켈) 등이 있다. 이러한 physical property(물리적 특성)를 가지는 3개의 element를 Döbereiner's triad(되베라이너의 삼조원소)라고 한다.

 이후 periodic table에서 주목할 만한 발견을 한 이는 영국의 John Alexander Newlands(존 알렉산더 뉴랜즈)이다. 그는 1865년 Stanislao Cannizzaro(스타니슬라오 카니차로)의 atomic weight의 체계에 따라 element를 arrange하다가 physical property가 similar(유사)한 element가 8번째마다 나타난다는 사실을 발견하였다. 그는 이것을 피아노 음계에 비유하여 law of octaves(옥타브 법칙)를 발표하였다. 그런데 이 법칙에 어긋나는

element들이 많아서 (calcium(칼슘)보다 atomic weight가 큰 element들에서는 유효하지 않았다.) 그는 오히려 사람들의 조롱의 대상이 되었다.

오늘날과 같은 periodic table을 최초로 만든 이는 러시아의 화

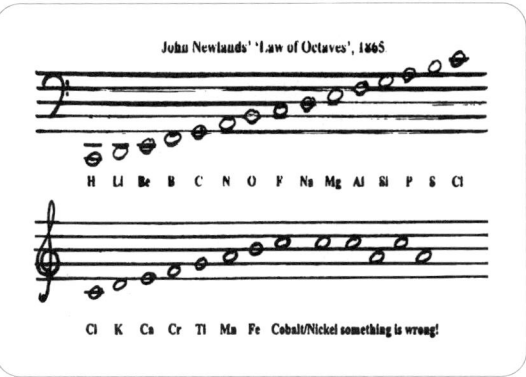

옥타브 법칙

학자인 Dmitry Mendeleev(드미트리 멘델레예프)이다. 그는 alkali metals group(알칼리금속 그룹)과 halogens group(할로겐 그룹) 사이에 기타 다른 element들을 끼워 넣으면 된다는 생각 아래, element들을 atomic weight의 순서대로 arrange했다. 각 element의 physical property를 같이 적기도 하고 자신이 직접 수행한 experiment(실험)의 결과를 기입하기도 하였다. 그러면서 일정한 interval(간격)을 두고 similar한 property를 가진 element가 occur(나타나다)하는 것에 주목했다. 이때 Newlands의 law of octaves가 그에게 큰 도움을 주었다. 다만 그는 repeat(반복)되는 period가 반드시 8이라고 보지는 않았다. 그는 element를 atomic weight의 순서대로 위에서 아래로 정리하다가 property가 similar한 element가 나오면 그 옆으로 죽 정리했다. Property가 similar한 element가 없는 경우에는 그 자리를 비워두었다. 이렇게 하여 63개의 element로 이루어진 periodic table을 완성하였고 1869년 Russian Chemical Society(러시아화학협회)에서 발표하였다.

Mendeleev의 periodic table은 element의 특정한 property가 periodically(주기적)하게 repeat됨을 visually(시각적)하게 보여줌으로써 당시

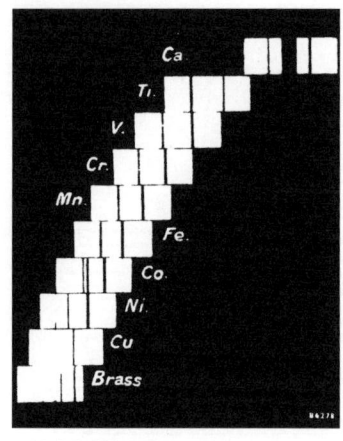

모즐리의 법칙

에 발견되지 않은, 즉 silicon(규소) 부근에 빈칸으로 비워져 있던 element에 eka-silicon(오늘날의 germanium(게르마늄))이라 이름 붙이고 그 property가 silicon과 similar할 것이라고 예측해냈다. 그러나 Mendeleev의 periodic table에는 inert gas(비활성 기체)가 include(포함)되어 있지 않았고 hydrogen(수소)의 position(위치)이 single(단독)로 assign(배정)되어 있지 않았다. 즉 hydrogen은 alkali metals group에도 place(놓이다)되었고 halogens group에도 place되었다.

이후 새로운 element도 계속 발견되고 element의 property에 대한 연구도 계속되어 20세기에 이르러서는 영국의 physicist(물리학자)인 Henry Moseley(헨리 모즐리)에 의해 element를 atomic number(원자번호)의 순서대로 arrange한 현대적인 periodic table이 등장한다.

현재는 IUPAC(국제순수 및 응용화학연맹)에서 제안한 periodic table을 세계 공통으로 쓰고 있는데 118개의 element를 18-column(18족)으로 classify한 것이다. 이 periodic table에서 element들은 atomic number, atom(원자)의 nucleus(핵)에 있는 proton(양성자)의 number(수, 개수)에 의해 arrange되어 있으며, 같은 row(행), 즉 같은 period(주기)에 place되는 element들은 같은 수의 electron shell(전자껍질)을 가진다. 그리고 column(열), 즉 group(족)은 atom의 electron configuration(전자 배치)에 의해 determine(결정)되는데, 특정한 subshell(부껍질)에 있는 electron의 number가 같고 일반적으로 similar한 chemical property(화학적 성질)를 띤다. 예컨대 oxygen과 selenium은 outermost p-subshell(최외각 p-부껍질)에 있는 electron의 number가 같다.

Periodic table에 있는 element들은 크게 main group element(전형원소)

Group→ Period↓	1	2	3	4	5	6	7	8	9	10	11	12	13	14	15	16	17	18	
1	1 H	s-block													p-block			2 He	1
2	3 Li	4 Be											5 B	6 C	7 N	8 O	9 F	10 Ne	2
3	11 Na	12 Mg				d-block							13 Al	14 Si	15 P	16 S	17 Cl	18 Ar	3
4	19 K	20 Ca	21 Sc	22 Ti	23 V	24 Cr	25 Mn	26 Fe	27 Co	28 Ni	29 Cu	30 Zn	31 Ga	32 Ge	33 As	34 Se	35 Br	36 Kr	4
5	37 Rb	38 Sr	39 Y	40 Zr	41 Nb	42 Mo	43 Tc	44 Ru	45 Rh	46 Pd	47 Ag	48 Cd	49 In	50 Sn	51 Sb	52 Te	53 I	54 Xe	5
6	55 Cs	56 Ba		72 Hf	73 Ta	74 W	75 Re	76 Os	77 Ir	78 Pt	79 Au	80 Hg	81 Tl	82 Pb	83 Bi	84 Po	85 At	86 Rn	6
7	87 Fr	88 Ra		104 Rf	105 Db	106 Sg	107 Bh	108 Hs	109 Mt	110 Ds	111 Rg	112 Cn	113 Uut	114 Uuq	115 Uup	116 Uuh	117 Uus	118 Uuo	7

f-block	Lanthanides	57 La	58 Ce	59 Pr	60 Nd	61 Pm	62 Sm	63 Eu	64 Gd	65 Tb	66 Dy	67 Ho	68 Er	69 Tm	70 Yb	71 Lu
	Actinides	89 Ac	90 Th	91 Pa	92 U	93 Np	94 Pu	95 Am	96 Cm	97 Bk	98 Cf	99 Es	100 Fm	101 Md	102 No	103 Lr

원소 주기율표

와 transition element(전이원소), metallic element(금속원소)와 nonmetal(비금속원소)로 classify된다. Main group element는 transition element를 제외한 모든 element를 말한다. d-block에 존재하는 모든 element는 transition element이며 f-block에 존재하는 lanthanides(란탄족원소)와 actinides(악티늄원소)도 transition element이다.

한편 periodic table에서 오른쪽에 있을수록 그리고 위쪽에 있을수록 electron을 attract하는 atom의 electronegativity(전기음성도)와 non-metallicity(비금속성)가 높아진다. 따라서 periodic table에서 오른쪽 위 F, 즉 fluorine(플루오린)은 nonmetal이며 왼쪽 맨 아래에 있는 Fr, 즉 francium(프랑슘)은 metallic element이다. 설명을 조금 더하자면, metallic element는 valence electron(원자가전자)을 1~3개만 갖고 있어서 electron을 버리고 cation(양이온)이 되기 쉬우며, nonmetal은 valence electron이 4개 이상 있어서 electron을 버리기보다는 더 얻어서 anion(음이온)이 되기 쉽다. 참고로 valence electron이란 ground state(바닥 상태)에서 atom의 outermost electron shell(최외각 전자껍질)에 있는 electron을 말한다.

reading chemistry

원소 주기율표는 화학 연구에 있어서 가장 중요한 도구가 된다. 이것은 대략 100개의 원소들이 테이블 모양으로 배열된 것으로서 원소의 원자번호와 특성에 근거하여 체계화된 것이다.

역사

드미트리 멘델레예프가 원소 분류법(method of classifying the elements)을 고안하였다. 1834년 시베리아에서 태어난 그는 상트페테르부르크대학교의 일반 화학 교수였다. 멘델레예프가 활동하던 시기에 많은 과학자들이 원소를 분류하는 조직 구조를 만들기 위해 노력하고 있었지만 원자 무게에 따라 원소를 정리함으로써 이에 성공한 사람은 멘델레예프였다. 그는 또한 원소들의 화학적, 물리적 특성에 따라 행과 열로 분류하였다. 멘델레예프는 원자 구조에 대한 아무런 지식도 없이 이것을 할 수 있었다. 1869년에 그는 오늘날 우리가 사용하는 주기율표의 기초가 된 주기율표를 발표하였다.

그는 주기율표에서 많은 빈 공간을 남겼고 아직 발견되지 않은 새로운 원소들이 발견되어 이 공간들을 채울 것이라고 예측하였다. 자신의 주기율표의 빈 자리를 토대로 멘델레예프는 몇몇 새로운 원소들의 존재와 특성을 예측하는 데 성공하였다.

1913년, 헨리 모즐리라는 이름의 영국 물리학자가 과학자로서 만든 이전 제안을 확언하였다. 그는 원소의 화학적 특성들은 원자 무게와 대략적으로만 관련 있다(related to)는 것을 발견하였다. 그에 따르면 원자번호는 원자의 무게 순서가 아니라 원소의 전자 수로 지정해야 한다.

이후 줄곧(ever since), 원소들은 원자번호에 따라 배열되었다. 1920년대 양자역학의 발전으로 과학자들은 전자들의 배열에 따라 원소의 특성이 주어지는 것을 알아냈다(work out).

The periodic table of elements is one of the most important tools in the study of chemistry. It is a tabular arrangement of approximately 100 chemicals, organized based on the atomic number of the elements and their property.

History

Dmitri Mendeleev devised this method of classifying the elements. He was born in Siberia in 1834 and was a professor of general chemistry at the University of St. Petersburg. During Mendeleev's time, many scientists were working towards building an organizational structure by which to classify the elements, but it was Mendeleev who succeeded by organizing the elements according to their atomic weights. He also grouped them into rows and columns based on their chemical and physical property. Mendeleev was able to do this without any knowledge of the structure of atoms. In 1869, he published his periodic table which became the basis of the periodic table that we use today.

In his periodic table of elements, he left a number of blank spaces and predicted that new elements not yet discovered would be found to fill these spaces. Based on the gaps in his table, Mendeleev even succeeded in predicting the existence and property of several new elements.

In 1913, a British physicist named Henry Moseley affirmed earlier suggestions made by scientists. He found that the

원소들의 조직

원소들은 원자번호가 증가하는 순서에 따라(in order of increasing) 왼쪽에서 오른쪽으로, 위에서 아래로 배열된다. 이 순서는 증가하는 원자 질량과 일치한다(coincides with). 원소들의 가로 줄은 주기라고 한다. 이 주기들의 길이는 1주기의 2개의 원소에서 4~6주기의 18개 원소에 이르기까지 가지각색이다(vary in). 마지막 주기는 아직 다 완성되지 않았다. 그 이유는 새로 합성한 원소들이 아직도 실험실에서 만들어지고 있기 때문이다.

한 원소의 주기 수는 그 원소의 전자가 차지하는 가장 높은 에너지 준위를 의미한다. 같은 주기에서 전자의 수는 주기율표를 따라 이동하면서 증가한다. 따라서 한 원자의 에너지 준위가 증가함에 따라 에너지 준위당 에너지 부준위들의 수가 증가한다. 원소기호들은 사람들이 주기율표의 원소들을 지칭하는(refer to) 편리한 방법이다.

족

현대의 주기율표에는 18개의 족 또는 열이 있다. 동일한 족에 있는 원소들은 그들의 최외각 전자껍질에 동일한 수의 전자를 가지고 있다. 따라서 동일한 족에 있는 모든 원소들은 비슷한 화학적 특성을 가지고 있다.

원소들의 특성

알칼리성 금속은 주기율표 1족(group 1 of the table)을 구성한다. 그들은 비슷한 화학적 행동 특성과 특징을 갖는다. 수소는 1족 원소이지만, 금속의 특성을 거의 보여주지 않아 대개 비금속으로 분류된다(be categorized with). 알칼리 토금속은 2족을 구성한다. 이들은 매우 높은 녹는점을 갖고 있고 염기성 알칼리 용액이 있는 산화물을 갖고 있다. 전이원소들은 부분적으로 채워진 부껍질들을 갖는 금속들이며 3족에서 11족까지와 란탄족과 악티늄족

chemical property of elements are only roughly related to their atomic weights. According to him, the number of electrons the element carries, commonly known as the atomic number, is more important than atomic weight in classification.

Ever since, the elements have been arranged, according to their atomic numbers. The development of quantum mechanics in the 1920's allowed scientists to work out how electrons arrange themselves to give the element its property.

Organization of the elements

Elements are arranged left to right and top to bottom in order of increasing atomic number. This order coincides with the increasing atomic mass. The different rows of elements are called periods. The periods vary in length from two elements in period 1 to eighteen elements in periods 4~6. The last period is not complete yet because new synthetic elements are still being made in laboratories.

The period number of an element signifies the highest energy level an electron in that element occupies. The number of electrons in a period increases as one travels down the periodic table. Therefore, as the energy level of an atom increases, the number of energy sublevels per energy level increases. Elemental symbols are a convenient way for people to refer to elements in the periodic table.

Groups

The modern periodic table contains 18 groups, or vertical

족 주기	1 (1A) 알칼리 금속	2 (2A) 알칼리토금속	3 (3A) 희토류	4 (4A) 타이타늄족	5 (5A) 바나듐족	6 (6A) 크로뮴족	7 (7A) 망가니즈족	8 (8A) 철족, 백금족	9 (9A)	10 (10A)	11 (11A) 구리족	12 (12A) 아연족	13 (13A) 붕소족	14 (14A) 탄소족	15 (15A) 질소족	16 (16A) 산소족	17 (17A) 할로겐족	18 (18A) 비활성 기체
1	1 H																	2 He
2	3 Li	4 Be											5 B	6 C	7 N	8 O	9 F	10 Ne
3	11 Na	12 Mg											13 Al	14 Si	15 P	16 S	17 Cl	18 Ar
4	19 K	20 Ca	21 Sc	22 Ti	23 V	24 Cr	25 Mn	26 Fe	27 Co	28 Ni	29 Cu	30 Zn	31 Ga	32 Ge	33 As	34 Se	35 Br	36 Kr
5	37 Rb	38 Sr	39 Y	40 Zr	41 Nb	42 Mo	43 Tc	44 Ru	45 Rh	46 Pd	47 Ag	48 Cd	49 In	50 Sn	51 Sb	52 Te	53 I	54 Xe
6	55 Cs	56 Ba	57 La	72 Hf	73 Ta	74 W	75 Re	76 Os	77 Ir	78 Pt	79 Au	80 Hg	81 Tl	82 Pb	83 Bi	84 Po	85 At	86 Rn
7	87 Fr	88 Ra	89 Ac	104 Rf	105 Db	106 Sg	107 Bh	108 Hs	109 Mt	110 Ds	111 Rg	112 Cn	113 Uut	114 Uuq	115 Uup	116 Uuh	117 Uus	118 Uuo

내부 전이원소
- 란탄족: 58 Ce | 59 Pr | 60 Nd | 61 Pm | 62 Sm | 63 Eu | 64 Gd | 65 Tb | 66 Dy | 67 Ho | 68 Er | 69 Tm | 70 Yb | 71 Lu
- 악티늄족: 90 Th | 91 Pa | 92 U | 93 Np | 94 Pu | 95 Am | 96 Cm | 97 Bk | 98 Cf | 99 Es | 100 Fm | 101 Md | 102 No | 103 Lr

원소 주기율표

원소로 구성된다.

준금속들은 때로 '반금속' 또는 '질이 떨어지는 금속'으로 불린다. 이들은 종종 도체보다는 반도체로서 기능한다. 란탄족 원소들은 원자번호 57에서 71까지의 원소들을 구성한다. 이들은 비슷한 화학적 특성을 갖고 있어 함께 분류된다(be grouped together). 이들은 악티늄족과 함께(along with) 보통 'f-원소'들로 불리는데, 그 이유는 이들이 f껍질 안에 원자가전자(valence electron)를 갖고 있기 때문이다.

악티늄족들은 원자번호 89에서 103의 원소들로 구성한다. 할로겐족 원소들은 주기율표의 17족으로 구성된다. 이들은 일반적으로 화학적으로 매우 잘 반응하며 순수한 원소보다는 화합물로서 존재한다.

비활성 기체들은 18족으로 구성된다. 이들은 일반적으로 화학적으로 매우 안정되어 있고 무색, 무취를 포함하여 비슷한 특성을 보인다.

columns. Elements within the same group have the same number of electrons in their outer electron shells. Thus, all elements in the same group have similar chemical property.

Characteristics of elements

The alkali metals make up group 1 of the table. They share similar behavioral traits and characteristics. Hydrogen is in group 1, but exhibits few characteristics of a metal and is often categorized with the nonmetals. The alkaline earth metals make up group 2. They have very high melting points, and oxides that have basic alkaline solutions. The transitional elements are metals that have a partially filled subshell and comprise groups 3 through 11 and the lanthanides and actinides.

Metalloids are sometimes called "semi-metals" or "poor metals". They often behave as semiconductors rather than as conductors. The lanthanides comprise elements 57 through 71. They are grouped together because they have similar chemical property. They, along with the actinides, are often called "the f-elements" because they have valence electrons in the f shell.

The actinides comprise elements 89 through 103. The halogen elements comprise group 17 of the periodic table. They are generally very chemically reactive and are present in the environment as compounds rather than as pure elements.

The noble gases comprise group 18. They are generally very stable chemically and exhibit similar property, including that of being colorless and odorless.

problem solving

문제1 맞으면 T, 틀리면 F로 쓰시오.

a. 1족 원소를 알칼리토 금속이라 한다. (   )
b. 17족 원소를 할로겐 원소라 한다. (   )
c. 원소 주기율표에서 가로줄을 주기라 한다. (   )
d. 18족 원소는 기체로서 반응성이 크다. (   )

문제2 다음 중 주기율표의 같은 족에 속하는 원소들이 동일한 값을 갖는 것은?

a. 중성자 수   b. 전자껍질 수   c. 유효 핵전하
d. 이온화 에너지   e. 원자가전자 수

Example 1 If correct, write T or if wrong, write F.

a. The alkaline earth metals make up Group 1. (   )
b. The halogen elements comprise group 17 of the periodic table.
(   )
c. The different rows of elements are called periods. (   )
d. Elements in group 18 is atmospheric that are chemically reactive.
(   )

Example 2 Which are the things that have the same value as the elements in the same group of the periodic table?

a. The number of neutrons   b. The number of electron shell
c. Valid nuclear charge   d. The energy of ionization
e. The number of electrons of an atom.

The Periodic Table of Elements

문제3 그림은 원자번호가 연속인 원소의 제1 이온화 에너지를 나타낸 것이다. 이에 대한 설명으로 옳은 것을 고르시오.

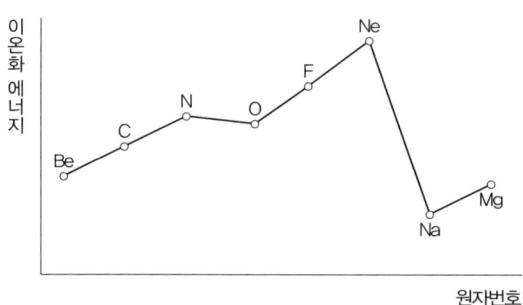

a. 전자 친화도가 가장 큰 원소는 Ne이다.
b. Na와 Mg의 안정한 이온은 전자 수가 같다.
c. 홑원소 물질의 끓는점은 N이 Na보다 높다.
d. Be의 바닥 상태 전자 배치는 $1s^2 2s^2 2p^2$이다.

➡ 해답 **1.** a-(F), b-(T), c-(T), d-(F) **2.** e **3.** b

Example 3 The picture shows the first ionization energies of elements that have consecutive atomic numbers. Choose the correct explanation about it.

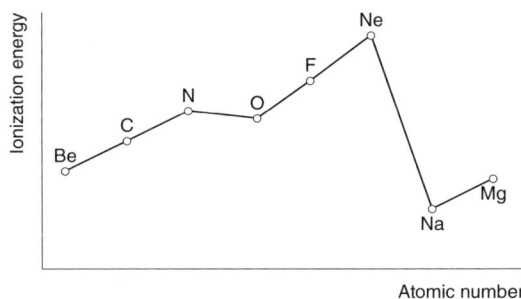

a. The element with the highest electron affinity is Ne.
b. The stable ions of Na and Mg have the same number of electrons.
c. The boiling point of simple molecular substance of N is higher than Na.
d. Electronic configuration of Be in the ground state is $1s^2 2s^2 2p^2$.

rest in chemistry

Periodic table의 구조

Periodic table에는 각 element에 대한 많은 정보가 담겨 있다. Periodic table의 각 row에는 chemical property에 따라 element들이 arrange되어 있는데 1st row는 우리의 상식과는 반대로 맨 위층을 가리킨다. 1st row, 곧 periodic table의 1st period에는 room(방, 공간)이 2개 있고, 2rd period와 3rd period에는 각 8개씩 있다. 4th와 5th period에는 room이 각 18개씩 있으며 6th와 7th period에는 room이 32개에 달한다.

Periodic table은 오랜 세월 수많은 과학자들이 발견한 physical law(물리법칙)를 바탕으로 견고하게 세워진 건물과도 같다. Physical law에 따라 periodic table의 각 period에는 정해진 수의 element가 존재한다. 오늘날에는 모든 사람이 이것을 scientific(과학적)하고 universal(보편적)한 truth(사실)로 받아들이고 있지만 과거에는 상황이 달랐다. 새로운 element를 발견할 때마다 그것을 어느 room에 넣을지 우왕좌왕하였다. Periodic table의 room 하나를 놓고 둘 이상의 element가 서로 자기 room이라고 우기는 상황이 벌어지기도 하였다. 이러한 혼란이 과학자들의 노력으로 정리되고 오늘날과 같은 견고한 periodic table을 갖게 된 것이다.

특히 Mendeleev는 periodic table을 체계화하는 데 기념할 만한 공을 세웠다. 하지만 Mendeleev가 periodic table을 발표하였을 당시에는 많은 이

드미트리 멘델레예프(1834~1907)

들이 그것을 인정하지 않았다. 독일의 화학자인 Robert Wilhelm Bunsen (로베르 빌헬름 분젠)도 그중 하나였다. 그는 Gustav Kirchhoff(구스타프 키르히호프)와 함께 spectral analysis(스펙트럼 분석)를 통해 각 element는 각기 다른 wavelength(파장)의 빛을 emit(방출)한다는 사실을 관찰하고 spectroscope(분광기) 등을 발명하기도 한 뛰어난 학자였지만 periodic table의 가치를 알아보지 못했다. 그는 Mendeleev의 periodic table을 주식 상장 일람표의 숫자들을 다루는 법칙만으로도 구할 수 있는 것이라며 폄하하였다.

물론 1869년 Mendeleev의 periodic table이 처음 발표되었을 때에는 비어 있는 room도 많고 그 당시 널리 알려진 element들의 property와 어긋나는 사실도 있었다. 그럼에도 불구하고 1st period는 완벽하였다. 1st period에 사는 element들에게 어느 날 갑자기 새로운 element가 나타나 자리를 위협하는 일 따위는 생기지 않았다. 지금도 1st period에는 hydrogen과 helium이 살고 있다. Hydrogen의 atomic nucleus(원자핵)의 electric charge(전하)는 +1이고 helium의 atomic nucleus의 electric charge는 +2이다. 이 두 element 사이에는 어떤 element도 존재하지 않고 그럴 수도 없다. 자연계에 존재하는 element 중에서 atomic nucleus의 electric charge가 whole number(정수, 범자연수)가 아닌 것은 알려져 있지 않기 때문이다.

7

Chemical Bond
화학결합

Chemical bond(화학결합)란 일반적으로 atom(원자)들 또는 atomic group(원자단)들 사이에 attraction(끌어당기는 힘)이 작용하여 molecule(분자) 또는 crystal(결정), metal(금속), diatomic gas(이원자 기체)가 form(형성)될 경우에 atom들 사이에 작용하는 force(힘)를 말한다.

basic concept

화학결합
Chemical Bond

Hydrogen(수소), oxygen(산소), carbon(탄소), nitrogen(질소)과 같은 atom을 둘 이상 contain(포함)하고 있는 chemical substance(화학물질)에서 그 atom들 사이의 attraction을 chemical bond라고 한다.

그러면 이 attraction은 어디서 온 것일까? 그것은 nucleus(핵) 주변을 orbit(궤도를 돌다)하는 negatively charged electron(음전하를 띤 전자)들과 nucleus 안에 존재하는 positively charged proton(양전하를 띤 양성자)들 사이의 attraction 그리고 두 개의 nucleus 사이에 position(자리 잡다)하게 된 electron이 nucleus들에게 attract되는 force에서 비롯된다. 이러한 force에 의해 form된 chemical substance의 property(성질)는 그것을 구성하고 있는 atom이 개별적으로 갖고 있는 property와는 완전히 다르다.

한편 chemical substance가 form될 때는 chemical bond의 strength(세기)의 차이에 따라 covalent bond(공유결합), ionic bond(이온결합)와 같이 strong(강하다)한 bond와 dipole-dipole interactions(쌍극자-쌍극자 상호 작용), London dispersion force(런던 분산력), hydrogen bond(수소결합)와 같이 weak(약하다)한 bond가 생긴다.

하지만 실제 chemical bond는 이 중 어느 한 가지 방식으로만 bond(결합)한 것이 아니라 두 가지 이상의 방식으로 bond되어 있다. 그러면 몇 가지 대표적인 chemical bond의 유형을 살펴보자. Ionic bond는 두 개의 oppositely charged ion(반대로 대전된 이온) 사이에, 즉 cation(양이온)과 anion(음이온)

사이에 작용하는 electrostatic attraction(정전기적 인력)에 의해 form된 chemical bond이다. 이때 cation이 되는 것은 대개 metal(금속)이고 anion이 되는 것은 대개 nonmetal(비금속)이다. 또 순수한 ionic bonding(이온결합)은 존재하지 않는다. 모든 ionic compound(이온결합 화합물)에는 covalent bond가 어느 정도 포함돼 있기 때문이다. Ionic compound는 solution(용액) 속에 melt(녹다)돼 있으면 electricity(전기)가 잘 conduct(전도)되고, 보통 melting point(녹는점)가 높으며 water(물)에 잘 dissolve(녹는다)된다.

 Ionic bond의 전형적인 예로 sodium chloride(염화나트륨)를 들 수 있다. Sodium(Na)과 chloride(cl)가 combine(결합)되어 있을 때 sodium atom은 electron(전자)을 lose(잃다)해서 cation인 Na$^+$가 되고 chloride atom은 electron을 gain(얻다)해서 anion인 Cl$^-$가 된다.

$$Na + Cl \rightarrow Na^+ + Cl^- \rightarrow NaCl$$

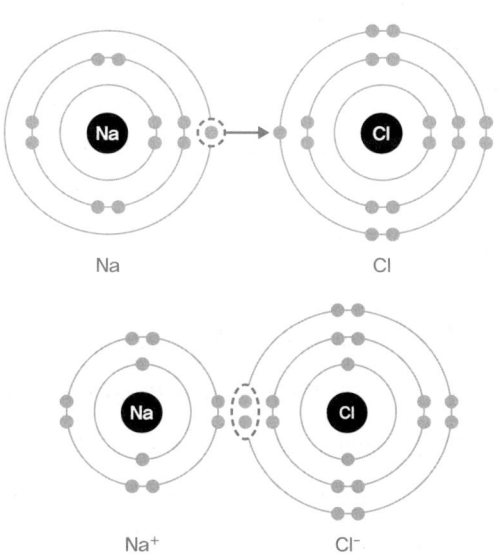

이때 Na에서 electron이 제거되는 것은 endothermic reaction(흡열반응)으로, 이로 인해 전체 energy(에너지)가 상승한다. 반면 Na의 valence electron(원자가전자)을 받아들인 Cl의 작용과 이후 이어지는 ion들 사이의 attraction으로 energy가 emit(방출)되어 전체 energy가 낮아진다. 또 sodium chloride와 같이 solid(고체)로 존재하는 ionic compound는 lattice structure(격자 구조)를 띤다.

Covalent bond는 atom들 사이에 electron pair(전자쌍)를 share(공유)하고 있는 chemical bond이다. Covalent bond에서는 electron들을 share하고 있는 atom들 사이에서 force of attraction(인력)과 repulsive force(척력)가 stable(안정적)한 balance(균형)를 이루고 있다.

Covalent bond를 이루고 있는 atom이 a pair of electrons(1개의 전자쌍)를 만들어 share할 경우에는 single bond(단일결합)라 하고, two pairs of electrons(2개의 전자쌍), three pairs of electrons(3개의 전자쌍)를 share할 경우에는 double bond(이중결합), triple bond(삼중결합)라고 한다. 전형적인 예를 들어 설명하자면 hydrogen molecule(수소 분자)은 single bond이고, ethylene(에틸렌)에서 carbon은 double bond, acetylene(아세틸렌)에서 carbon은 triple bond를 이루고 있다.

Covalent bond를 하는 두 개의 atom 중에서 한 atom의 lone pair(고립전자쌍)를 다른 atom이 share함으로써 form되는 chemical bond를 coordinate bond(배위결합)이라고 한다. NH_4^+, H_3O^+, $HClO$ 등이 그 대표적인 예이다.

Metallic bond(금속결합)는 delocalized electron(옮겨다니는 전자)들 사이에 작용하는 electrostatic attractive force(정전기적 인력)이다. Delocalized electron은 conduction electron(전도 전자)이라 지칭되기도 하며 electron cloud(전자구름) 내에 모여 있다. 요약하면 metallic bond란 cation들로 이루어진 lattice 사이에 free electron(자유 전자)들을 share하고 있는 bond이다. 한편 metal은 이처럼 free electron이 들어 있기 때문에 heat(열)와 electricity에 대해 좋은 conductor(도체)로 작용한다.

참고로 metallic bond라는 용어는 covalent bond라는 용어에 대해 대조적으로 쓰일 뿐 일반적으로 metallic bond에 대해 이야기할 때는 metallic 'bonding'(금속결합)이라는 말을 더 많이 쓰는데, 그 이유는 자연 상태에서 그것이 collective(집합적)한 상태로 존재하기 때문이다. 다시 말해 단 하나의 metallic bond란 존재하지 않는다. 일례로 mercurous ion(수은 이온)인 Hg_2^{2+}는 metal-metal covalent bond(금속-금속 공유결합)를 한다.

reading chemistry

화학결합은 2개 또는 그 이상의 반대로 대전된 원자 (oppositely charged atom)의 끌림에 의해 형성된다(be formed). 이 결합은 전자기력에 의해 이루어진다. 화학결합의 힘은 다양하다. 공유결합 또는 이온결합과 같은 강한 결합들과 쌍극자-쌍극자 상호 작용, 런던 분산력과 수소결합 같은 약한 결합들이 있다.

이해를 더 쉽게 하자면, 물질의 기본 단위인 원자들은 우리를 둘러싸고 있는 물리적 환경의 구성 요소들이고 화학결합에 의해 뭉친다. 전자, 특히 원자의 가장 바깥쪽(the outermost) 전자들의 행동의 차이는 원자들 간의 끌림을 유발한다. 한 원자의 행동은 결합이 양적으로 변화하면서 질적으로 다르게 되어 우리 주변 물질들의 다른 특성을 유발한다.

공유결합

공유결합은 하나 이상의 전자를 공유함으로써(by sharing) 두 전자가 서로에게 끌리는 결합이다.

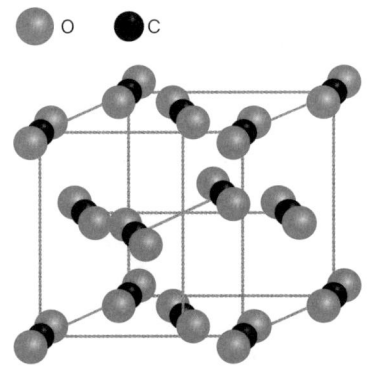

공유결합 구조

이 쌍은 원자가전자(다른 원자들과 결합하는 능력을 가지고 있는 가장 바깥쪽 껍질에 있는 전자)로 인해 형성된다. 예를 들어 수소 기체는 이원자 수소 분자에서 가장 단순한 결합을 하고 있다.

이것은 또한 염소에서나 대기의 주요 부분을 구성하는 질소와 산소에서도 적용된다.

A chemical bond is formed by the attraction of two or more oppositely charged atom. The bond is caused by electromagnetic force. The chemical bonds vary in their strength. There are 'strong bonds' such as covalent and/or ionic bonds, and 'weak bonds' such as dipole-dipole interactions, the London dispersion force and hydrogen bonding.

To make it easier to understand, atoms, the basic unit of matter, are the components of the physical environment that surrounds us and are held together by these chemical bonds. The difference in the behavior of an electron, specifically the outermost electrons of atoms, causes the attraction between atoms. The behavior of an atom becomes qualitatively different as the bond changes quantitatively, causing the different property of the things around us.

Covalent bond

A covalent bond is a bond in which 2 atoms are attracted to each other by sharing at least one electron.

These pairs are formed with valence electrons(any electron in the outermost shell that has the ability to form bonds with other atoms). Hydrogen gas, for example, forms the simplest bond in the diatomic hydrogen molecule.

This is true also of chlorine and for the nitrogen and oxygen that make the major part of the atmosphere.

이온결합

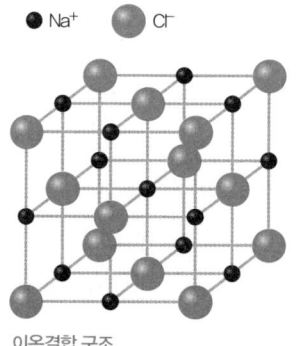

이온결합 구조

이온결합은 한 원자가 하나 이상의 전자를 또 다른 원자에게 잃는 유형의 결합이다. 간단히 말하자면(Put simply), 한 원자의 바깥쪽 원자 오비탈은 추가적인 전자들을 수용할 공간을 가지고 있다. 흔히 식사 때 먹는 소금인 염화나트륨(NaCl)이 전형적인 예이다.

금속결합

이들은 '전자 바닷속(다량의 전자 속)의 양이온'으로 묘사할 수 있는 상대적으로 약한 결합이다. 금속결합에서 각 원자는 하나 이상의 전자를 잃는다. 이 자유로운 전자들은 즉시 많은 다른 원자에 부착된다(be attached to). 다른 것의 일부가 되지 않으면서(without becoming a part of other) 원자들이 서로에게 끌리는 이러한 종류의 결합은 전자들이 자유롭게 이동할 수 있음을 암시한다.

이것은 또한 금속들이 빛나는 외양뿐만 아니라 강도, 전연성, 전기 및 열 전도성과 같은 자신들의 구체적인 특성을 갖게 한다. 화학자들은 결합을 설명하기 위해 양자 이론을 이용하는 것 외에(aside from) 이해를 돕기 위해 옥텟 규칙(원자가 껍질 8개를 갖는 것)과 VSEPR(원자가 껍질 전자쌍 반발 모델)을 사용한다.

고려해야 할 보다 정밀한 이론은 원자가 결합 이론(1927년에 공식화되었다)이다. 그것은 발전된 2개의 기본 이론 중 하나로 한 원자의 원자 오비탈이 한 분자를 형성하기 위해 어떻게 결합하는지(combine to)에 초점을 맞춘다(focused on). 이것은 또한 오비탈 혼성화(새로운 혼성 오비탈을 형성하기 위해 원자 오비탈을 혼합하는 화학적 개념)를 포함한다.

Ionic bond

An ionic bond is a type of bond in which an atom loses one or more electrons to another atom. Put simply, the outer atomic orbital of one atom has a space to accept additional electrons. Sodium chloride(NaCl), commonly known as table salt, is a typical example.

Metallic bond

These are relatively weak bonds that can be described as "positive ions in a sea of electrons". In a metallic bond, each atom loses one or more electrons. These free electrons are attached to many other atoms at once. This kind of bonding, having atoms attracted to each other without becoming a part of other, suggests that electrons can move freely.

This also allows metals to have their specific property such as strength, malleability, electrical and thermal conductivity, as well as their shiny appearance. Aside from using quantum theory to explain bonds, chemists use the Octet Rule(having valence shell of 8) and VSEPR(Valence Shell of Electron Pair Repulsion) to make this easier to understand.

The more refined theory to consider is the Valence Bond Theory(formulated in 1927). It was one of the two basic theories developed and focuses on how the atomic orbital of an atom combines to form a molecule. It also includes the orbital hybridization(the chemical concept of mixing atomic orbitals to form new hybrid orbitals).

Linus Pauling은 《화학의 본질에 대하여》(1931)라는 자신의 책에서 다른 연구들의 연구 결과를 설명하였다. 그의 책은 화학에 지대한 영향을 주게 된다.

거기에서 그는 여섯 가지 기본 법칙을 설명했는데 이 중 셋은 일반적으로 알려져 있던(commonly known) 것이다. 화학의 '바이블'이라고 여겨지는 그의 1939년의 저서 《화학결합의 본질에 대하여》로 인해 화학자들은 양자 이론의 영향을 더 잘 이해할 수 있었다.

양자 이론과 함께 분자 오비탈 이론은 전체 분자를 다루는 오비탈을 설명한다. 이것은 화학 분야에 큰 영향을 미쳤으며(make a great impact) 화학자들을 도와 1960년대에 원자가 이론 연구를 쇠퇴하게 한 복잡한 문제들에 답하였다. 이후 이것은 1980년대 디지털 컴퓨터 프로그램에 관한 더욱 복잡한 질문들에 답변하는 데 도움을 주었다.

Linus Pauling explained the works of other studies in his book *On the Nature of Chemistry*(1931) which played a significant role in chemistry.

There, he stated 6 fundamental laws of which 3 were commonly known. His 1939 textbook, *On the Nature of Chemical Bond*, considered the "Bible" of chemistry, has helped chemists understand the impact of quantum theory.

Along with the latter theory, The molecular orbital theory explains the orbitals that cover the whole molecule. It made a great impact in the field of chemistry and helped chemists in answering the complex questions that made the study of valence theory decline during the 1960s. It has since helped to answer more complex questions regarding digital computer programs during the 1980s.

problem solving

문제1 다음 그림은 두 원자 A와 B의 전자 배치 모형을 나타낸 것이다. A와 B가 결합하여 안정한 화합물을 만들 때 화학결합의 종류와 화학식을 옳게 짝지은 것은?

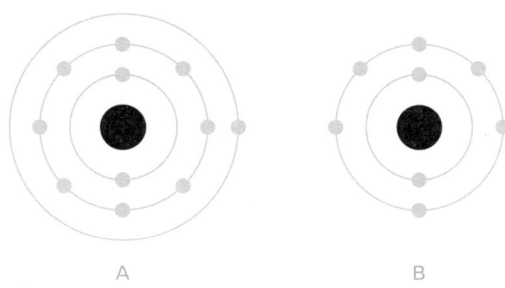

	화학결합	화학식
a.	이온결합	AB_2
b.	이온결합	A_2B
c.	공유결합	AB
d.	공유결합	AB_2
e.	공유결합	A_2B

➡ 해답 **1.** b

Example 1 The following picture shows electronic configuration model of atom A and B. Which one is paired correctly with the equation and the kind of its chemical bond when A and B bond to produce a stable chemical substance?

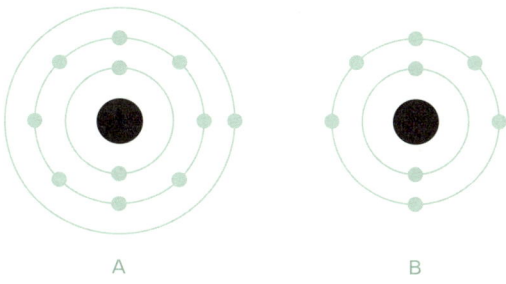

A B

	Chemical bond	Equation
a.	Ionic bond	AB_2
b.	Ionic bond	A_2B
c.	Covalent bond	AB
d.	Covalent bond	AB_2
e.	Covalent bond	A_2B

Electron의 발견과 chemical bond

원자를 둘러싼 전자

Atom의 structure(구조)가 밝혀지기 전까지 atom 간의 chemical bond에 대한 사람들의 생각은 공상의 수준을 넘어서지 못하였다. 17세기에 활동한 프랑스의 philosopher(철학자) Descartes(데카르트)는 일부 atom에는 열쇠와 같은 돌출부가 있고 또 다른 atom에는 열쇠 구멍과 같은 것이 있어서 두 atom이 bond한다고 생각하기도 했다. 그 후 electron이 발견되고 electron들이 atomic nucleus(원자핵) 주위에 어떤 식으로 arrange(배열)되어 있는지가 규명된 다음에야 이러한 사실을 바탕으로 chemical bond를 설명할 수 있게 되었다.

그런데 atom의 모든 electron들이 chemical bond에 참여하는 것은 아니다. Atom의 outermost electron shell(최외각 전자껍질)에 있는 electron들이나 그보다 하나 안쪽의 electron shell(전자껍질)에 arrange되어 있는 것들만 참여한다. 예를 들어 natrium(나트륨)과 fluorine(플루오린), 두 atom이 만났다고 치자. Cation과 anion은 서로 attract하기 마련이므로 서로 반대의 electric charge(전하)를 가진 natrium ion(Na$^+$)과 fluorine ion(F$^-$)은 단단하게 bond한다. 이것을 ionic bond라고 부른다. 또 fluorine atom끼리의 chemical bond는 a pair of electrons가 도움을 줘서 완성된다. 2개의 atom이 각각 하나의 electron을 내놓아 share하게 되는데, 그러면 두 atom의 electron shell에 각각 8개의 electron이 들어 있는 것과 같은 structure가 된다. 이것을 covalent bond라 한다. 지구상에 존재하는 대부

분의 compound는 ionic bond와 covalent bond, 이 두 가지 방식의 chemical bond로 만들어진다.

Metal이 water 위에 뜰 수 있을까?

실제로 어떤 metal은 water 위에 뜰 수 있다. Natrium이 그러하다. 다만 natrium은 water와 compound하여 hydrogen gas(수소 기체)를 만들기 때문에 water에 dissolve되기 전까지만 떠 있다. 이처럼 chemical의 세계에서는 우리가 일상에서 보는 딱딱한 solid 형태의 metal에 대한 상식을 뒤엎는 재미있는 것이 많다. 몇 가지 metal을 예로 들어 살펴보자.

- Mercury(수은)

Room temperature(실온)에서 liquid(액체)로 존재한다. Mercury는 temperature(온도)가 올라가면 expand(팽창)하기 때문에 thermometer(온도계)를 만들 때 사용한다. 또 bromine(브롬), caesium(세슘), gallium(갈륨), rubidium(루비듐) 등도 room temperature에서 liquid로 존재한다. 이 중에서도 gallium은 손 위에 올려놓고 있으면 조금씩 녹아서 끈적끈적한 반죽으로 변하는 것을 볼 수 있다.

- Tantalum(탄탈럼)

아주 희귀한 metal로 corrosion resistant(내식성)가 높고 acid(산)에 강해, 즉 acid resistance(내산성)가 좋아서 chemical industry(화학공업)에서 널리 쓰인다. Human body(인체)에 잘 맞아 두개골의 구멍을 메우는 물질로도 사용된다.

- **Platinum**(백금)

오늘날 gold(금)보다 더 비싸고 귀하게 쓰인다. Platinum에 얽힌 재미있는 이야기가 많은데, 16세기에 에스파냐 정부는 platinum이 위조 동전을 만드는 데 쓰일 수 있다고 걱정한 나머지 엄청난 양의 platinum을 바다에 던져 버렸다고 한다. 또 19세기 초에 영국의 화학자 William Wollaston(윌리엄 울러스턴)은 platinum을 아주 fine(미세)한 wire(철사)로 처음 만들어냈다. 그는 연구를 계속해 굵기가 0.1mm 이하인 platinum wire를 만들어냈고, 이것은 여자들을 위한 장식물뿐 아니라 산업과 과학 분야에서 아주 귀하고 다양하게 쓰였다.

- **Titanium**(티타늄)

Melting point(녹는점)가 1600°C 이상이고 density(밀도)는 낮으면서도 단단하고 광택이 있다. 또 corrosion resistant가 높아서 항공기, 우주 개발 등에 많이 사용되는 metal이다.

세상에서 가장 많은 element vs. 가장 적은 element

Iron(철), copper(구리), tin(주석)과 같은 element들을 인류는 수천 년 동안 사용해왔다. 그래서인지 흔히 우리는 이 element들의 매장량이 막대하다고 생각하지만 실상은 그렇지 않다. 지구에 가장 많이 존재하는 element는 바로 oxygen이다. 만약 양팔저울의 한쪽에는 지구에 존재하는 모든 oxygen을 올려놓고 다른 한쪽에는 그 밖의 모든 element를 올려놓는다면 평형을 이룰지도 모르겠다. 다시 말해 지구의 절반은 oxygen으로 이루어져 있다고 볼 수 있다. Atmosphere(대기) 중에는 물론이고 water나 mineral(광물)에도 oxygen은 존재한다. 또 animal(동물)이나 plant(식물)의 몸 안에도 존재한다.

Oxygen과 silicon(규소)을 제외하고 그 양이 많은 element를 꼽아보면 어떤 것이 있을까? Aluminium(알루미늄) 7.4%, iron 4.2%, calcium(칼슘) 3.3%, natrium과 kalium(칼륨)과 magnesium(마그네슘)이 각각 2.4%, hydrogen이

1.0%, titanium이 0.6% 순이다.

  그렇다면 지구에서 그 양이 가장 적은 element는 무엇일까? 우리가 귀금속으로 애지중지하는 gold나 platinum 같은 metal도 상대적으로 매우 적은 양이 존재하기 때문에 값이 비싸다. 하지만 이보다 더 적은 element들이 있는데 바로 2차 radioactive element(방사성 원소)들이다. 이에 속하는 element는 polonium(폴로늄), radon(라돈), actinium(악티늄), astatine(아스타틴), francium(프랑슘) 등이며, 앞의 세 element의 매장량은 각각 9,600톤, 260톤, 2만 6,000톤이고 뒤의 두 element는 존재한다고 말하기 어려울 정도로 그 양이 적어서 mg(밀리그램) 단위로 측정할 정도이다. Astatine의 경우 690mg 정도가 earth(지각)에 존재한다고 한다.

8

Molecular Polarity
분자의 극성

Electron(전자)은 bond(결합)하고 있는 두 개의 atom(원자) 사이에서 항상 equally(균등)하게 share(공유)된 상태로 존재하는 것은 아니며, 이 경우 두 atom이 서로 다른 polarity(극성)를 띠게 된다. 다시 말해 molecule(분자)을 이루는 각 atom의 electronegativity(전기음성도)의 difference(차이)로 인해 electron pair(전자쌍)를 share하는 정도가 달라지는데, 이때 상대적으로 electronegativity가 큰 쪽이 negative electric charge(음전하)를, 다른 한쪽이 positive electric charge(양전하)를 띠게 되는 것이다.

이러한 molecular polarity(분자의 극성)는 compound(화합물) 내 atom들 간 electronegativity의 difference뿐 아니라 compound's structure(화합물의 구조)의 asymmetry(비대칭성)에도 달려 있다.

> basic concept

극성분자와 무극성분자
Polar Molecule and Nonpolar Molecule

  Molecule을 구성하고 있는 atom들의 electronegativity의 difference의 vector(벡터)의 합을 구하면 그 molecule의 polarity(극성) 정도를 알 수 있다. 또 molecule과 molecule 사이에 작용하는 force of attraction(인력)에 대해 알 수 있다. 그리고 이러한 force는 matter(물질)의 surface tension(표면장력), solubility(용해도), melting point(녹는점)와 boiling point(끓는점) 등의 physical property(물리적 성질)에 영향을 끼친다.

  Polarity를 띠는 경우는 dipole moment(쌍극자 모멘트)나 multipole moment(다극자 모멘트)를 가진 molecule 또는 compound에서 electric charge(전하)의 distribution(분포)이 uneven(불균등)할 때이며, electric charge의 distribution이 even(균등)할 때는 polarity를 띠지 않는다. 여기서 dipole moment란 electric dipole moment(전기쌍극자 모멘트)를 말하는 것으로, positive electric charge의 중심과 negative electric charge의 중심이 거리를 두고 떨어져 있을 때를 dipole(쌍극자)이라고 하며, dipole 사이의 force의 세기와 거리를 곱한 값을 dipole moment라고 한다. (Multipole moment(다극자 모멘트)도 이와 같은 맥락으로 이해하면 된다.)

  Polarity를 띠지 않는 경우는 nonpolar bond(무극성결합)와 nonpolar molecule(무극성분자)로 나눌 수 있다. 전자는 molecule 내에 polar bond(극성결합)가 존재하더라도 molecule의 symmetry(대칭성) 때문에 nonpolar molecule이 되는 경우이다. 그리고 후자는 H_2, O_2, N_2와 같이 동일한 atom

끼리 bond한 것을 말한다. 동일한 atom이라는 말은 곧 electronegativity가 identical(동일)하다는 말이기에 이들 사이의 bond에서는 electron(전자)이 어느 한쪽으로 편중되게 몰리는 일이 없어서 polarity를 띠지 않는다. 즉 완벽하게 nonpolar bond를 이룬다.

이러한 nonpolar molecule의 대표적인 예로는 Cl_2, CO_2, CH_4 등이 있다.

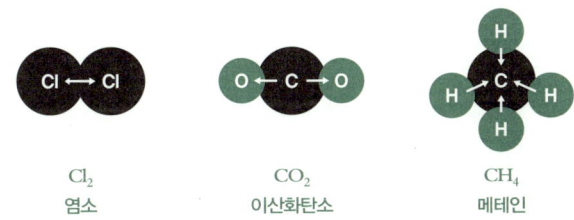

Cl_2
염소

CO_2
이산화탄소

CH_4
메테인

한편 polarity를 띠는 경우는, molecule 또는 compound에서 electric charge의 separation(분리)이 생겨서 그 distribution이 uneven한 것과 polar covalent bond(극성공유결합)를 하는 molecule에서 atom의 arrangement(배치)가 asymmetrical한 것이 있다. 그리고 한 atom의 electron이 다른 atom으로 이동할 만큼 electronegativity의 difference가 큰 ionic bond(이온결합)의 경우 완벽하게 polar bond를 이룬다.

이러한 polar molecule의 대표적인 예로는 HCl, H_2O, NH_3 등이 있다.

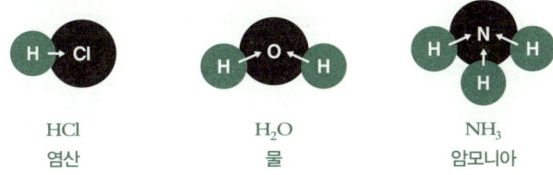

HCl
염산

H_2O
물

NH_3
암모니아

덧붙여 molecule 간에 작용하는 force, 즉 attraction(인력)의 크기는

polar molecule 간에 가장 크고 그다음으로 polar molecule과 nonpolar molecule 간에 크고 nonpolar molecule 간에 가장 작은데, 이러한 force 의 크기가 클수록 matter의 melting point와 boiling point가 높아진다. 즉 matter의 상태 변화를 위해 molecule 간 attraction을 저지하려면 에너지가 많이 필요하다는 뜻이다. 또 polar molecule 간 attraction이 매우 크기 때문에 polar molecule과 polar molecule끼리는 잘 섞여도 polar molecule과 nonpolar molecule은 잘 섞이지 않고 분리되는 양상을 띤다.

● Lewis dot diagrams(루이스 점자식)란?

Electron dot diagrams(전자점식)는 element symbol(원소기호)의 주위에 valence electron(원자가전자)을 dot(점)으로 나타내어 chemical bond(화학결합)를 하는 electron과 하지 않는 electron을 구별할 수 있도록 표시한 structural formula(구조식)이다.

미국의 화학자인 Gilbert Newton Lewis(길버트 뉴턴 루이스)가 이러한 electron dot diagrams를 고안했기 때문에 Lewis structures(루이스 구조), Lewis dot diagrams(루이스 점자식)라고 더 널리 불린다.

Lewis dot diagrams는 dot과 line(선)으로 covalent bond(공유결합)를 나타낸다. 쌍을 이룬 dot들은 쌍을 이룬 electron들을 나타내고, 하나만 있는 dot은 single electron(홀전자)을 나타낸다. Line은 bond를 나타내는데 line이 하나일 때는 single bond(단일결합), 두 개나 세 개일 때는 각각 double bond(이중결합), triple bond(삼중결합)를 뜻한다.

Lewis structures를 표기하는 방법은 다음과 같다. 첫째, compound의 기본 구조를 쓴다. 둘째, valence electron의 수를 계산한다. 이때 anion(음이온)은 electric charge의 수를 더하고 cation(양이온)은 뺀다. 셋째, 중심에 있는 atom 과 주위에 있는 atom들 간에 single bond를 그린다. 그런 다음 octet rule(옥텟규칙), 즉 atom의 outmost electron shell(최외각 전자껍질)에 존재하는 valence electron의 수가 8개일 때 가장 안정화된다는 rule(법칙)에 맞도록 atom들을 그린다. 이때 중심에 있는 atom이 octet rule을 만족하지 않으면 주위에 있는 lone pair(고립전자쌍)를 이용하여 중심에 있는 atom과 주위 atom 사이에 triple bond를 그린다.

다음은 fluorine(플루오린) 두 개가 만나서 covalent bond를 하는 과정을 Lewis dot diagrams로 나타낸 것이다.

플루오린 분자(F_2)의 루이스 구조

다음은 hydrogen atom(수소 원자)이 single covalent bond(단일공유결합)를 하는 과정을 Lewis dot diagrams로 나타낸 것이다.

물 분자(H_2O)의 루이스 구조

Lewis dot diagrams는 atom의 valence electron을 보여주는 표현 방식이라는 점과 표기의 간결성 등 때문에 흔히 사용된다. 그러나 octet rule을 충족시키는지에 따라 compound의 안정도를 결정한다는 점에서 한계를 지닌다. 일부 compound는 atom의 electron이 8개 미만이거나 그 이상이어서 octet rule을 충족시키지 못하기 때문이다.

reading chemistry

　　　　상반되는 두 극의 정렬을 극성이라고 부른다. 그것은 부분적으로 양전하를 띤 입자들과 같은 분자의 반대편 끝에 위치한 음전하를 띤 입자들 간의 힘을 가리킨다.

분자의 극성

　분자의 극성은 분자의 전기음성도가 원자를 둘러싸고 있는 모든 지역에서 비슷하다는 것을 설명한다. 이들이 다르다면 이들은 큰 분자들에게도 적용되는(be also true of) 극성이나 무극성이 될 수 있다. 이러한 인력은 모든 개별적인 결합 극성의 합이다. 그것은 벡터의 이용을 통해 가장 잘 설명될 수 있다. 예를 들어 CO_2(탄산가스)는 극성 카르보닐 $C=O$ 그룹을 포함한다. 이것은 CO_2가 직선 모양의 분자임을 의미한다. 이 쌍극자들이 서로를 상쇄하여(cancel each other out) CO_2를 비극성으로 만든다.

결합 극성

　결합 극성(bond polarity)은 서로 다른 전기음성도를 가진 원자들 간의 결합을 가리킨다. 결합 극성은 쌍극자를 나타내는 화살표로 나타내어진다(be represented). 이것은 HCl(염산)의 예에서 보여지는데, 이 예에서 화살표는 Cl(염소)를 가리킨다(point toward).

$$H \rightarrow Cl$$

　분자들의 물리적 특성을 설명하는 녹는점과 끓는점 말고도 화학자들은 분자들을 고체와 액체 상태로 두는(hold in) 인력을 발견했다.

The alignment of two opposite poles is called polarity. It refers to the forces between partially positively charged particles and the negatively charged particles located on the other end of the same molecule.

Molecular polarity

Molecular polarity explains that the electronegativity of molecules is similar in all of the regions that surround the atom. If they differ they can be either polar or nonpolar which is also true of large molecules. This attraction is the sum of all individual bond polarities. It can be best described through the use of vectors. CO_2(carbon dioxide) for example, contains polar carbonyl $C=O$ group. This means CO_2 is a linear molecule. The dipoles cancel each other out, making CO_2 nonpolar.

Bond polarity

Bond polarity refers to bonds between atoms of different electronegativity. The polarity in the bond is represented by an arrow that represents a dipole. This is shown in the example of HCl(hydrochloric acid), in which the head arrow points toward the Cl(chlorine).

$$H \rightarrow Cl$$

- 쌍극자-쌍극자

영구적인 쌍극자를 가진 극성분자는 머리와 꼬리 방향을 따른다(follow orientation). 이것은 단거리에 의해 분리되는, 동등하지만 정반대의 전하 때문이다. 한 광합성 과정에 사용되는 식물들의 필수 녹색 색소인 클로로포름($CHCl_3$) 내에 작용하는 인력이 그 예다.

- 런던 분산

런던 분산은 원자들 또는 무극성분자들 간의 상당히 약한 서로 끌어당기는 힘이다. 큰 분자에서 전자 분포의 잠정적인 변화 간에(between temporary changes) 작용하는 인력이다.

- 수소결합

같은 분자 또는 다른 분자에 있는 높은 전기음성도를 가진 작은 원자에 대해 한 분자에 있는 수소 원자들이 그것을 끌어당기는 인력을 말한다. 이러한 종류의 결합은 액체와 고체 상태의 H_2O(물)의 특성에 중요한 영향을 미친다(have an important effect on). 또한 DNA를 복제하거나 RNA로 전사하기 위해 DNA 이중나선이 풀리거나, 단백질을 합성하기 위해 mRNA와 tRNA가 결합하는 과정 그리고 단백질의 3차 구조를 형성하는 과정에 수소결합은 결정적인 역할을 한다.

Aside from the melting and boiling point, which describes the physical property of molecules, chemists also uncovered the attractions that hold molecules in their solid and/or liquid states.

- Dipole-dipole

Polar molecules with a permanent dipole follow the head and tail orientation. This is because of the equal but opposite charges that are separated by a short distance. An example is the attraction of chloroform($CHCl_3$), an essential green pigment of plants, used in the process of photosynthesis.

- London dispersion

London dispersion is a considerably weak attractive force between atoms or nonpolar molecules. There is a force of attraction between temporary changes in electron distribution in large molecules.

- Hydrogen bonding

Refers to the attraction of the hydrogen atoms in a molecule to a small atom with high electronegativity in the same or another molecule. This kind of bonding has an important effect on the property of H_2O(water) in both its liquid and solid state. Also hydrogen bonding plays decisive roles in unzipping of DNA double helix for DNA replication and transcription to RNA, bonding of mRNA and tRNA for protein synthesis, and formation of protein tertiary structure.

problem solving

문제1 다음은 분자 A~D의 성질에 대한 설명과 분자 구조를 순서 없이 모형으로 나타낸 것이다. 다음의 설명을 읽고 그와 맞아떨어지는 분자 모형을 짝지으시오.

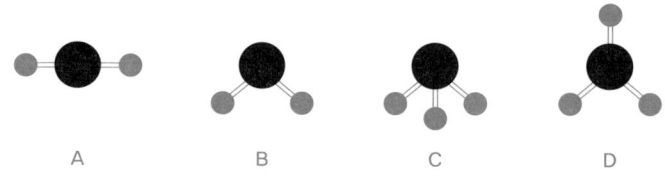

① 분자는 입체 구조이다.
② 분자에는 비공유 전자쌍이 있다.

문제2 다음은 2주기에 속하는 몇 가지 원자의 루이스 점자식을 나타낸 것이다. 이에 대한 설명으로 옳은 것을 보기에서 모두 고르시오.

$\cdot \overset{\cdot}{B} \cdot \quad \cdot \overset{\cdot}{C} \cdot \quad \cdot \overset{\cdot}{N} \cdot \quad : \overset{\cdot\cdot}{O} \cdot \quad : \overset{\cdot\cdot}{F} :$

a. BF_3와 NF_3는 분자 구조가 같다.
b. CF_4의 결합각은 109.5°이다.
c. CO_2와 OF_2는 평면 구조이다.

➡ 해답 **1.** ①-c, ②-A, B, C **2.** b, c

Example 1 The following is the model of explanations and molecular composition of A~D presented randomly. Read the explanations and pair them with the molecular models which it matches.

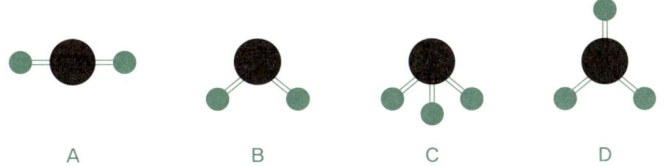

A   B   C   D

① The molecule has a steric conformation.
② There are lone pairs in the molecule.

Example 2 The followings are Lewis dot diagrams of some atoms in period 2. Choose all correct explanations.

$$\overset{\cdot}{\underset{\cdot}{B}}\cdot \quad \cdot\overset{\cdot}{\underset{\cdot}{C}}\cdot \quad \cdot\overset{\cdot\cdot}{\underset{\cdot}{N}}\cdot \quad :\overset{\cdot\cdot}{\underset{\cdot}{O}}\cdot \quad :\overset{\cdot\cdot}{\underset{\cdot\cdot}{F}}\cdot$$

a. The molecular structures of BF_3 and NF_3 are the same.
b. The bond angle of CF_4 is 109.5°.
c. CO_2 and OF_2 have planar structure.

Molecular Polarity

rest in chemistry

Water molecule의 bond

 추운 나라에서는 겨울이면 호수 전체가 꽁꽁 얼어붙는데, 이 과정은 단 하나의 얼음 crystal(결정)이 점점 커져 거대한 덩어리로 변신하는 것이다. Water는 얼 때 volume(부피)이 팽창하면서 주변에 제곱센티미터당 140kg의 힘을 가한다. 그 힘은 매우 강력해서 겨울이면 수도관이 터지기 일쑤고 때로는 거대한 배를 침몰시키기도 한다.

 하늘에서는 water molecule들이 bond하여 crystal을 만드는데, hailstone(우박)은 이때 생긴 crystal이 차가운 구름 속을 떠다니다가 점점 커져서 땅으로 떨어지는 것이다. 1970년 미국의 캔자스 주에서는 diameter(지름)가 17cm나 되는 hailstone이 떨어져 세상을 놀라게 하였다. 또 우리가 눈뭉치를 만들어 눈싸움을 할 수 있는 것은 눈이 약간 녹은 질퍽한 crystal로 이루어져 있기 때문이다. 반면에 남극과 같이 기온이 매우 낮은 곳에서는 딱딱한 가루눈이 내리기 때문에 눈싸움을 하기 힘들다.

Electricity를 만드는 특수 발전소, battery(전지)

 우리가 주변에서 흔히 보는 battery는 크게 두 가지로 나눌 수 있다. 하나는 light energy(빛에너지)를 electric energy(전기에너지)로 바꾸는 solar energy(태양에너지)의 battery와 같은 physical cell(물리적 전지)이고, 다른 하나는 chemical energy(화학에너지)를 electric energy로 바꾸는 dry cell(건전지), storage cell(축전지)과 같은 chemical cell(화학 전지)이다.

 Dry cell은 zinc-manganese battery(아연-망간 전지)로 100여 년의 역사를 가지고 있다. Volum에 큰 데 비해 적은 양의 electricity(전기)를 생산하기 때문에 응용 범위가 제한적이다. Negative pole(음극)은 zinc(아연), positive pole(양극)은 manganese dioxide(이산화망간)와 carbon(탄소) 막대로 이루어져 있으며 ammonium chloride(염화암모늄), 즉 NH_4Cl을 electrolyte(전해질)로 사용한다. 두 pole(극)을 연결하면 먼저 다음과 같은 chemical reaction(화학반응)들이 일어난다.

$$\text{Oxidation(산화):} \quad Zn \rightarrow Zn^{2+} + 2e^-$$
$$\text{Reduction(환원):} \quad 2NH_4^+ + 2e^- \rightarrow 2NH_3 + H_2$$

그리고 positive pole 주변에서 다음과 같은 chemical reaction이 일어난다.

$$2MnO_2 + H_2 \rightarrow Mn_2O_3 + H_2O$$
$$Zn^{2+} + 4NH_3 \rightarrow [Zn(NH_3)_4]^{2+}$$

이보다 후에 개발된 zinc-mercury battery(아연-수은 전지)는 volume이 작고 보다 많은 electricity를 생산해낸다. 1960년대부터는 volume이 더욱 작고 더 많은 electricity를 만들어내는 다양한 battery가 등장하였다.

한번 쓰고 버리는 battery는 반복적으로 쓸 수 없기 때문에 primary cell(일차 전지)이라고 하고, 계속해서 사용할 수 있는 battery는 storage cell이라 한다. Storage cell은 electricity energy를 chemical energy로 바꾸어서 저장해두는 일종의 축전소이다. Storage cell 중에서 생산량의 3분의 2를 차지하는 것은 lead(납)의 storage cell로 자동차 발동기의 점화나 헤드라이트의 전원으로 사용한다.

새로운 battery를 만들어내기 위한 연구는 오늘날에도 계속되고 있으며 solar energy를 이용한 것, 온도 차를 이용한 것 등등 다양한 battery가 만들어지고 있다.

9

Compound of Carbon
탄소화합물

Carbon은 hydrogen(수소), oxygen(산소), nitrogen(질소) 등과 bond(결합)해 compound(화합물)를 만드는데, 이러한 compound of carbon(탄소화합물)은 organism(생명체)에 존재하는 matter(물질)의 약 18퍼센트를 차지한다.

🍎 basic concept

탄소화합물의 발견
Discovery of Compound of Carbon

19세기에 Friedrich Wöhler(프리드리히 뵐러)는 살아 있는 모든 organism의 urine(오줌)을 연구했다. Urine에 대한 연구를 통해 그는 그것이 carbon, hydrogen, oxygen, nitrogen이 1:4:1:2의 proportion(비율)으로 섞여 있다는 사실을 알아냈다. 그는 이때 자신의 연구 분야에 대해 organic chemistry(유기화학)라는 명칭을 붙였다. 그는 또한 experiment(실험)를 통해 인위적으로 urea(요소)를 synthesize(합성)하였다. 즉 인류는 bladder(방광)를 통하지 않고도 urine을 만들어낼 수 있게 된 것이다. 이것은 life(생명)가 있는 organic matter(유기물)와 life가 없는 inorganic matter(무기물) 사이에 본질적인 차이가 없다는 뜻이기도 했다.

이로써 chemistry(화학), 그중에서도 organic chemistry(유기화학)는 organism의 특별함에 대해 의문을 제기하며 논쟁의 중점에 서게 되었고 전에 없이 흥미로운 분야로 떠올랐다.

Organic chemistry는 organic compound(유기화합물)나 organic matter, 즉 carbon atom(탄소 원자)을 contain(포함)하고 있는 다양한 형태의 matter의 structure(구조), property(특성), reaction(반응) 등을 과학적으로 연구하는 chemistry의 한 분야이다.

그러면 organic compound란 무엇일까? Organic compound란 carbon을 contain하는 모든 compound를 말한다. 그리고 대부분의 organic compound는 carbon, hydrogen, oxygen, nitrogen과 몇몇 element(원

소)로 이루어져 있다.

Compound of carbon(탄소화합물)이란 carbon에 hydrogen, oxygen, nitrogen, sulfur(황), phosphorus(인), halogen(할로젠) atom 등이 bond되어 produce(생성)된 organic compound 또는 organic matter이다. 과거에는 organism에서 얻은 matter를 organic matter 또는 organic material, inanimate object(무생물)에서 얻은 matter를 inorganic matter 또는 inorganic material(무기물)로 구분하여 불렀지만 Wöhler의 experiment 이후 그러한 구분이 모호해져서, 현재는 carbon을 contain하는 compound를 총칭하는 말로 쓰이고 있다.

Compound of carbon은 carbon, hydrogen, oxygen, nitrogen, sulfur, phosphorus 등 몇 개의 atom으로만 이루어져 있음에도 종류가 엄청나게 많다. 지구상에 존재하는 matter가 200만여 종인데 그중 150만여 종이 compound of carbon이라고 한다. 반면에 inorganic compound(무기화합물)는 모든 atom으로 이루어져 있지만 종수는 훨씬 적다. 또 compound of carbon은 주로 covalent bond(공유결합)를 하고 있지만 inorganic compound는 covalent bond는 물론이고 ionic bond(이온결합)를 하기도 한다.

그 외에도 둘 사이에는 차이가 많다. 예컨대 compound of carbon은 일반적으로 melting point(녹는점)가 낮고 alcohol(알코올), benzene(벤젠), ether(에테르) 등의 nonpolar(무극성의)한 solvent(용매)에 잘 dissolve(용해)되며 reaction의 속도가 느리다. 그에 비해 inorganic compound는 melting point가 높고 water(물)와 같은 polar(극성의)한 solvent에서 dissolve되며 reaction의 속도가 빠르다.

그러면 compound of carbon의 가장 중요한 element라 할 수 있는 carbon atom에 대해 살펴보자. Carbon atom은 atomic number(원자번

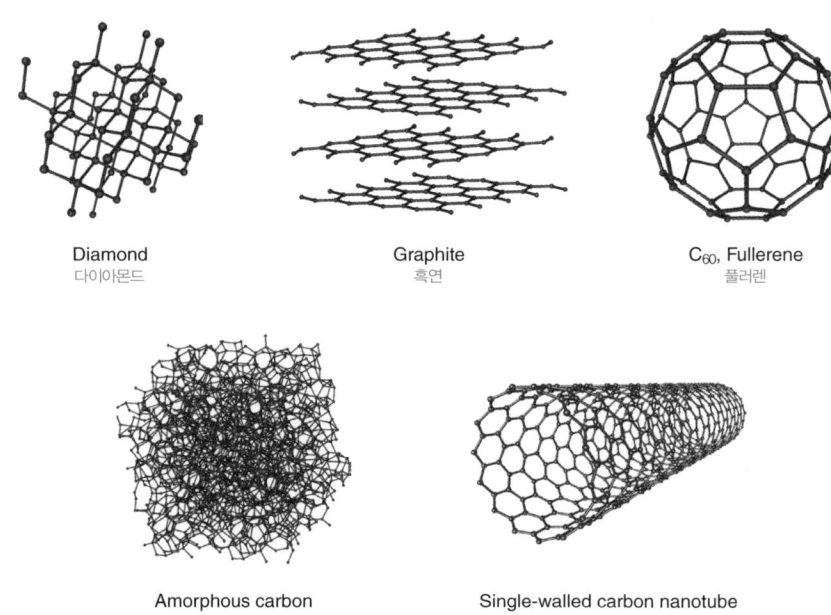

Allotropes of carbon
탄소 동소체

호)가 6이고 chemical symbol(화학기호, 원소기호)은 C이다. Periodic table(주기율표)상에서는 14 group(족)에 속하는 nonmetal(비금속원소)로 tetravalent atom(4가 원자)이다. 즉 4개의 valence electron(원자가전자)을 갖고 있어서 covalent bond를 할 수 있다. 자연 상태에서 나타나는 carbon의 isotope(동위원소)으로는 3가지가 있는데, 그중 ^{12}C, ^{13}C는 stable(안정적)한 성질을, ^{14}C는 radioactive(방사성의)한 성질을 띤다.

   Carbon은 지구에서 원소는 같지만 모양이나 성질이 다른 수많은 allotrope(동소체)으로 존재하는데, 고정된 결정 상태를 띠지 않는 amorphous carbon(무정형 탄소)을 비롯해 graphite(흑연), diamond(다이아몬드)가 사람들에게 널리 알려져 있는 carbon의 allotrope들이다. Allotrope에 따라 physical property(물리적 성질)도 천차만별이다. 일례로 graphite은 검은색에 Mohs hardness(모스 경도)가 1로 무르나 diamond는 투명하고

Mohs hardness가 10으로 매우 단단하다. 또 graphite은 electricity(전기)에 대해 resistance(저항)가 적은 conductor(도체)이지만, diamond는 insulator(부도체)이고 그러면서도 graphite와 달리 heat(열)를 잘 전달한다.

Carbon은 대기에서는 주로 CO_2(이산화탄소) 형태로 존재하고 땅에서는 carbonate(탄산염) 형태로 존재한다. Carbonate는 coal(석탄), petroleum(석유), natural gas(천연가스) 등을 이루는 component(구성요소)이다.

한편 앞에서도 짧게 언급했지만, carbon의 valence electron은 4개이다. Inorganic compound에서 가장 일반적인 oxidation state(산화 상태)는 +4이나, carbon monoxide(일산화탄소)에서는 +2이고 compound에 따라 0, -1, -2, -3, -4 등 다양한 oxidation state를 갖는다. 여기서 oxidation state란 compound에서 atom의 degree of oxidation(산화 정도)을 나타내는 indicator(지표)로 atom이 valence state(원자가 상태)로 있을 때를 말한다.

Carbon atom은 다른 carbon atom과는 물론이고 다양한 atom들과 bond한다. 1개의 electron pair(전자쌍)를 share(공유)하는 single bond(단일결합)를 하기도 하고 double bond(이중결합), triple bond(삼중결합)를 하기도 한다. 그리고 하나의 carbon atom과 bond하는 atom의 수는 일반적으로 4개이다.

reading chemistry

　　　　탄소는 다른 네 원자와 연결할 수 있는 원자이기에(thanks to) 다양한 화합물을 만들 수 있다. 따라서 가능한 패턴의 종류는 엄청나게 많다.

　탄소가 연합하는 형태는 사슬, 고리, 탄소와 탄소 등이며 이를 화학결합이라 한다. 만약 긴 탄소 사슬이 짧은 탄소 사슬로 연결돼 있다면 중합체라고 불린다. 중합체는 물, 공기, 박테리아에 의해 분해되지 않는 고유한 특성을 갖고 있으며, 이로 인해 플라스틱은 다른 물질과 달리 일반 환경에서 분해되지 않는다. 햇빛만이 유일하게 고분자에 손상을 끼칠 수 있다. 햇빛은 사슬을 끊고 물질을 약화시킨다.

　다양한 화합물을 이루는(is part of) 탄소는 모두 어떤 공통적인 성질을 갖는다. 예를 들면,

1　대부분의 탄소 기반 화합물들은 (연소와 같은) 고온에서 급격하게 반응하는 반면에 몇몇은 상온에서 반응한다.
2　식물, 타르, 석유, 천연가스 등의 조직을 이루는 모든 탄소화합물들은 연소하므로 연료로 사용될 수 있다. 연소되면서 화합물은 산화되어 이산화탄소를 만들고 거의 순수한 탄소를 남긴다(leaving). 이 순수한 탄소의 예로는 불에 탄 나무의 성질을 들 수 있다.
3　물만으로는 표면의 기름이나 지방을 제거하거나 사람의 피부를 용해할 수 없는데, 바로 이 모두가 탄소 기반 화합물이고 그 대부분은 물에 용해되지 않기 때문이다.
4　탄소와 질소를 포함한 그룹은 액체 상태에서 불쾌한 냄새를 풍기므로 가끔 썩은(rotting) 물고기에 비유되기도 한다. 그러나 이 냄새는 그 물질이 생산되는 공장에서만 날 뿐이고 이렇게 해서 질소를 함유한 나일론이 만들어지는데, 예를 들어 나일론이 실로 만들어지면 나쁜 냄새가 나지 않

Carbon has an ability to form various compounds thanks to its atom which can form links with other four atoms. Thus, the variety of possible pattern is pretty big.

The way carbon links can be in a form of chain, ring, carbon to carbon and so on which is called chemical bonds. If long chains of carbon are connected by short ones, it is called polymers. Polymers have a unique characteristic that it can't be disintegrated by water, air, or bacteria making plastics not disintegrate in the environment unlike other materials. The only thing which can damage polymers is sunlight. It breaks the chains and weakens the material.

Carbon is part of many compounds, all of which have certain common properties. For example:

1 Most carbon based-compounds react dramatically at high temperature (as in burning) while few of them do at ordinary temperatures.
2 All carbon compounds forming tissues such as plants, tar, oil, and natural gas can be used as a fuel as they all burn. When they get combusted, the compound is oxidized producing carbon dioxide and leaving nearly pure carbon. An example of this pure carbon can be charred nature of burnt wood.
3 Water alone cannot remove oil or fat from a surface nor water dissolve people's skin as these are all carbon-based compounds and most of them do not dissolve in water.

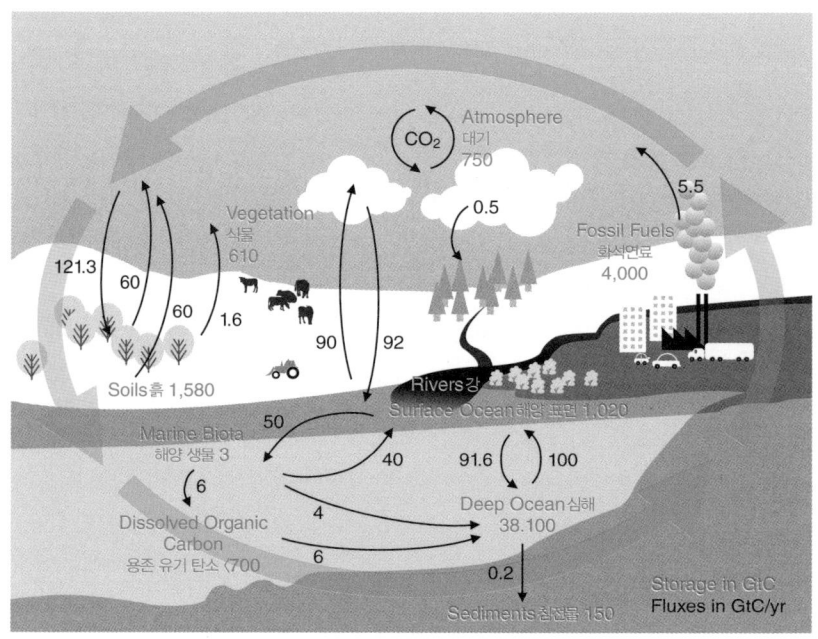

탄소의 순환

는다.

5 몇몇 탄소, 질소 화합물은 불안정하므로 폭발물을 만들 수 있다. 대표적인 두 예로는 TNT(트리니트로톨루엔)와 니트로글리세린(삼질산글리세롤)이 있다.

탄소를 포함한 화학물질을 탄소화합물이라고 한다. 수소를 제외하면 탄소는 화학물질을 가장 많이 구성한다. 유기화학물은 무기화학물보다 더 흔하다. 탄소가 다른 원소와 결합한다면 그것은 공유결합이라 불린다. 탄소가 4가원자이긴 하지만 탄소 자유 라디칼과 카르벤은 잠깐 동안 중간체가 된다. 탄소 이온―탄소 양이온과 탄소 음이온―은 짧은 시간 동안 유지된다. 탄소의 독특한 성질은 사슬화 반응인데, 이것은 긴 탄소 사슬과 고리를 만드는 능력이다.

4 As groups containing carbon and nitrogen often have an unpleasant odor in liquid form, they sometimes are compared to rotting fish. But this smell will be only in factories where materials are made thus making nylon containing nitrogen, for example, does not smell bad when it is made into a yarn.

5 Since some compounds of carbon and nitrogen are unstable, they can be made into explosives. Two common examples are TNT(trinitrotoluene) and nitroglycerine(glycerol trinitrate).

Chemical substances containing carbon are called compounds of carbon. Carbon comprises of most chemicals except for hydrogen. Organic carbon compounds are more common than inorganic carbon compounds. If carbon is generally bonded with other elements, it is called covalent bonds. While carbon is tetravalent, carbon free radicals and carbenes happen to be short-lived intermediates. Carbon irons—carbocations and carbanions—last for a short term. A distinguished property of carbon is catenation which is the ability to form long carbon chains and rings.

Organic compound

There was a time when scientists thought that only living organisms can create organic compounds. However, people learned how to synthesize them over time. Uncountable number of compounds contain carbon atoms. Some studies even show that there are ten million known compounds and it can be greater than this. Each organic compound contains at least one

유기화합물

한때 과학자들은 오로지 생명체만이 유기화학물을 만들 수 있다고 생각했다. 그러나 시간이 흐르면서 사람들은 유기화학물을 합성하는 방법을 알게 되었다. 무수히 많은 화합물이 탄소 원자를 포함하고 있다. 어떤 연구들에 따르면 사람들에게 알려져 있는 화합물이 1,000만 개이며 이보다 더 많을 수도 있다고 한다. 각 유기화합물은 적어도 한 개의 탄소 원자를 포함한다. 탄소가 금속과 결합하므로 유기화학 분야는 유기금속화학에 이를 수 있다.

유기화합물은 탄소를 포함한 분자의 고체, 액체 또는 기체이다. 역사적 이유들로 인해(For historic reasons) 카바이드(탄화물) 같은 탄소를 포함한 화합물, 단순한 탄소산화물(예를 들어 CO나 CO_2), 탄산염, 탄소 동소체(흑연과 다이아몬드와 같은)는 무기물로 여겨진다. 유기 탄소화합물과 무기 탄소화합물의 구분은 다소 임의적이다.

무기화합물

탄소 화학의 광범위한 범위는 유기화학의 영역에 들어맞지 않으며, 이러한 이유로 무기 탄소 화학이라 불린다.

- 탄소-산소화합물

많은 산화탄소가 있는데 가장 흔한 것은 이산화탄소(CO_2)와 일산화탄소(CO)이다. 덜 알려진 예로는 아산화탄소(C_3O_2)와 멜리트산 무수물($C_{12}O_9$)이 있다. 또 이탄소일산화물(C_2O), 삼산화탄소(CO_3), 옥살산 무수물(C_2O_4)과 같이 불안정한 탄소화합물도 있다.

carbon atom. With carbon bonded to metals, the field of organic chemistry can reach organometallic chemistry.

An organic compound is either gaseous, liquid, or solid whose molecules contain carbon. For historic reasons, some carbon-containing compounds like carbides, simple oxides of carbon(such as CO and CO_2), carbonates, the allotropes of carbon(such as graphite and diamond) are considered to be inorganic. The distinction between organic and inorganic carbon compounds is somewhat arbitrary.

Inorganic compound

A wide range of carbon chemistry cannot fit into the realm of organic chemistry and is thus called inorganic carbon chemistry.

- Carbon-oxygen compounds

There are many oxides of carbon(oxocarbons) and most common ones are carbon dioxide(CO_2) and carbon monoxide(CO). Less well-known ones are carbon suboxide(C_3O_2) and mellitic anhydride($C_{12}O_9$). There are also numerous unstable ones like dicarbon monoxide(C_2O), carbon trioxide(CO_3), and oxalic anhydride(C_2O_4).

- Carbon-sulfur compounds

Essential inorganic carbon-sulfur compounds are carbonyl sulfide(OCS) and carbon disulfide(CS_2). Unlike carbon

- 탄소-황화합물

　기본적인 무기 탄소-황화합물은 황화카르보닐(OCS)과 이황화탄소(CS_2)이다. 일산화탄소와 달리 일황화탄소(CS)는 매우 불안정하다. 중요한 황화물 종류로는 트리티오카보네이트, 티오카보네이트, 티오카바메이트, 디티오카바메이트이다.

- 탄소-질소화합물

　작은 무기 탄소-질소화합물은 이소시안산, 염화시안, 시안, 시안화수소이다.

monoxide, carbon monosulfide(CS) is very unstable. Important compounds classes are trithiocarbonates, thiocarbonates, thiocarbamates, and dithiocarbamates.

- Carbon-nitrogen compounds

Small inorganic carbon-nitrogen compounds are isocyanic acid, cyanogen chloride, cyanogen, and hydrogen cyanide.

problem solving

문제1 일상생활에서 사용되는 탄소화합물의 종류는 연료, 섬유, 의약품, 플라스틱 등 매우 다양하다. 이처럼 다양한 형태의 탄소화합물이 존재할 수 있는 이유로 타당한 것을 보기에서 모두 고르시오.

> a. 탄소화합물은 대체로 무극성을 나타낸다.
> b. 탄소화합물은 녹는점과 끓는점이 매우 낮다.
> c. 분자식이 같지만 구조식이 다른 화합물이 존재한다.
> d. 탄소는 여러 종류의 원자나 원자단과 결합할 수 있다.

➡ 해답 1. c, d

Example 1 The kinds of Compound of carbons use in everyday life is vary as fuel, fiber, medical supplies, plastic, and etc⋯. Choose the correct reasons why carbon can exist in such various forms.

- a. Compound of carbons are mostly nonpolar.
- b. Compound of carbons have very low melting point and boiling point.
- c. There are compounds that have the same molecular formula but have different structural formula.
- d. Carbon can bind with various kinds of atoms or atom groups.

rest in chemistry

인류의 삶을 풍요롭게 하는 compound of carbon

Compound of carbon의 세계는 무궁무진하다. 지금까지 세상에 알려진 모든 compound of carbon은 모두 1,000만 가지가 넘는다고 한다. 그리고 이것은 지구의 모든 compound 가운데 3분의 2를 차지할 정도로 많은 것이라고 한다.

Compound of carbon이 이렇게 많은 것은 periodic table상에서의 carbon의 위치 때문이다. Carbon은 2 period(주기)에 있는 8개의 element 중에서 거의 중앙에 위치한다. 중앙에 있다는 것은 electronegativity(전기음성도)가 중간이라 쉽게 electron(전자)을 주고받아서 chemical reaction(화학반응)을 일으킬 수 있다는 얘기다. 그뿐 아니라 2, 3 period에 있는 대부분의 element들이 1~2개의 valence electron을 갖는 데 비해 carbon은 valence electron이 4개나 되기 때문에 atom들과 다양한 covalent bond를 할 수 있다. 이때 carbon은 carbon끼리도 covalent bond를 하지만 다른 여러 개의 atom들과 bond하여 carbohydrate(탄수화물), lipid(지질), nucleic acid(핵산), plastic(플라스틱) 같은 macromolecular compound(고분자화합물)를 만들기도 한다. Macromolecular compound란 molecular mass(분자질량)가 10,000 이상인 compound를 말하며 molecular mass가 작은 structural unit(구조 단위)의 polymerization(중합반응)에 의해 만들어진다.

Compound of carbon은 organism을 이루는 constituent(구성요소)이며 또 air(대기)와 earth(지구)를 이루는 constituent이다. 그리고 우리 생활에서는 coal(석탄), crude oil(석유), natural gas(천연가스)와 같은 fossil fuel(화석연료)의 주된 constituent이자 drug medicine(의약품) 등 온갖 organic compound에 존재한다. 또 앞으로는 생명과학과 더욱 긴밀히 연결되어서 인류의 삶을 발전시키는 데 크게 기여할 것으로 보인다.

Group의 도입과 compound of carbon

Carbon compound에 대한 연구는 group(기)의 도입과 함께 크게 발전하였다. 이러한 group의 개념을 처음 사용한 이는 프랑스의 화학자인 Antoine Lavoisier(앙투안 라부아지에)이다. 그는 nonorganic compound인 acid(산)에 oxygen이 contain되어 있다고 생각했으며 oxygen을 제외한 나머지를 group이라고 칭했다. 그러나 그가 사용한 group의 개념은 현재와는 조금 다르다. 그는 하나의 element를 group이라 칭했던 것이다.

이후 Joseph Louis Gay-Lussac(조제프 루이 게이뤼삭)과 André-Marie Ampère(앙드레 마리 앙페르) 등의 화학자들의 연구와 발견을 거쳐 Friedrich Wöhler와 Justus von Liebig(유스투스 폰 리비히)에 와서 group의 개념이 현재와 같이 정착되었다.

Liebig와 Wöhler가 experiment에서 사용한 것은 benzoic acid(벤조산)이었다. 호두와 같은 열매 속에는 high almond oil(고편도유)이 들어 있는데 공기와 bond하면 oxidize(산화)하여 benzoic acid라는 matter로 변한다. Liebig와 Wöhler는 Liebig condenser(리비히 냉각기)를 사용해 almond oil과 benzoic acid를 이루고 있는 element들의 molecular mass(분자 질량)를 구하고 molecular formula(분자식)를 이끌어냈다.

그들이 이 experiment에서 얻은 compound는 각각 C_7H_6O, $C_7H_6O_2$였으며, 이 두 compound 속에 공통으로 들어 있으면서 변하지 않는 component를 확인하기 위해 다양한 matter를 가지고 experiment를 계속하였다. 그리하여 남아 있는 component가 C_6H_5CO라는 사실을 알아냈다. C_6H_5CO는 benzoic acid에서 나온 1가의 group이라는 뜻에서 benzoyl group(벤조일기)이라고도 한다.

Hydrogen과 전혀 다른 hydrogen의 isotope

1931년 미국의 Harold Urey(헤럴드 유리)가 heavy water(중수)로부터 hydrogen의 isotope인 heavy hydrogen(중수소)을 추출해내기까지 사람들은 각 atom의 종류는 오직 하나라고 생각했다. 그러나 heavy hydrogen의 발견 이후 과학자들은 그 외 다른 atom들의 isotope을 찾고 연구하기 시작했다.

일반적으로 어떤 atom의 property(성질)는 그 atom의 nucleus(핵) 안에 있는 proton(양성자)의 수, 즉 atomic number에 의해 결정되며, atom의 mass(질량)는 proton과 neutron(중성자)의 수의 합인 mass number(질량수)에 비례한다. 따라서 isotope이란 proton의 수는 같고 neutron의 수만이 다른 nucleus로 이루어진 atom이라 할 수 있다. 덧붙여 nucleus의 바깥을 도는 electron의 수는 atomic number와 같으므로 isotope은 모두 같은 수의 electron을 가진다.

Hydrogen의 isotope 중에서 mass number가 1인 것을 light hydrogen(경수소), 즉 protium(프로튬), ^1H이라고 하며, mass number가 2인 것은 deuterium, 약자로 D 또는 ^2H, mass number가 3인 것은 tritium(트리튬), 약자로 T 또는 ^3H이라 한다.

Protium의 nucleus에는 오직 한 개의 proton이 있으며, deuterium의 nucleus에는 1개의 proton과 1개의 neutron이 있고, tritium에는 1개의 proton과 2개의 neutron이 있다. 이 중 deuterium은 Big Bang(빅뱅)으로 우주가 처음 생겼을 때 같이 만들어져서 오늘에 이른 것이다. Deuterium은 radioactivity(방사능)는 없지만 toxicity(유독성)가 높아서 사람에게 해가 될 수 있다.

Water가 보통의 hydrogen 대신에 deuterium을 많이 포함하고 있으면 특별히 heavy water라고 하는데, neutron moderator(중성자 감속재) 또는 nuclear reactor(원자로)의 coolant(냉각수)로 사용된다. 그뿐 아니라 상업적인 용도의 nuclear fusion(핵융합)에 potential fuel(미래 연료)로 쓰일 수도 있다.

그리고 tritium은 beta decay(베타 붕괴)를 거쳐 helium-3(헬륨3)로 decay(붕괴)된 radioactive한 hydrogen의 isotope으로, 그것의 half-life(반감기)는 12.32년이다. Tritium은 nuclear fusion reaction(핵융합 반응)에도 쓰이고 self-powered lighting device(자가 동력 발광 장치)에도 쓰인다. 또 화학이나 생물학에서 radiolabel(다른 방사성 동위원소를 식별하는 방사성 동위원소)로 사용되기도 한다.

이러한 isotope에 대한 연구는 오늘날 아주 미세하게 그러나 큰 의미를 갖고 일어나는 화학적인 현상과 과정을 이해하는 데 도움을 준다.

10

Hydrocarbon
탄화수소

우리가 가정, 회사, 산업 현장 등에서 온갖 용도로 사용하고 있는 crude oil(원유)과 gas(가스)의 시작은, 아주 오랜 옛날 high temperature(고온), high pressure(고압)로 인해 또는 노화로 죽은 organism(유기체)으로부터 만들어진 hydrocarbon(탄화수소)이다. 과학자들은 이러한 hydrocarbon 중 일부가 지구 내 깊은 곳에서 어떻게 만들어졌는지, 또 organism 없이도 hydrocarbon이 생성될 수 있는지 등등에 관해 오랫동안 치열하게 논쟁해왔다. 그러던 중 근래에 와서 ethane(에테인)과 hydrocarbon이 upper mantle(상부 맨틀)의 temperature(온도), pressure(압력) 조건 하에서 synthesize(합성)될 수 있다는 사실을 발견했다.

basic concept

유기화합물의 모체, 탄화수소
Parent of Organic Compound, Hydrocarbon

Hydrocarbon(탄화수소)이란 carbon(탄소)과 hydrogen(수소)만으로 구성된 organic compound(유기화합물)들을 말한다.

Hydrocarbon은 molecular structure(분자 구조)와 bond(결합)된 hydrogen의 amount(수량) 그리고 organic compound의 property(성질)를 결정하는 atomic group(원자단), 즉 functional group(작용기)에 의해 몇 가지로 classify(분류)된다.

먼저, hydrocarbon은 molecular structure에 따라 풀어진 chain(사슬) 모양과 ring(고리) 모양으로 나뉜다.

다음으로, bond된 hydrogen의 amount에 따라 atom과 carbon 간에 single bond(단일결합)를 이루는 것과 double bond(이중결합)를 이루는 것, triple bond(삼중결합)를 이루는 것이 있는데, 이 중 single bond로 이뤄진 hydrocarbon은 saturated hydrocarbon(포화탄화수소), 나머지는 unsaturated hydrocarbon(불포화탄화수소)이라고 한다.

끝으로, hydrocarbon과 관련 있는 functional group에는 alkane(알케인), cycloalkane(사이클로알케인), alkene(알켄), benzene(벤젠), alkyne(알카인) 등이 있다.

여기서는 hydrocarbon의 property를 결정하는 functional group들에 대해 좀 더 자세히 알아보도록 하겠다.

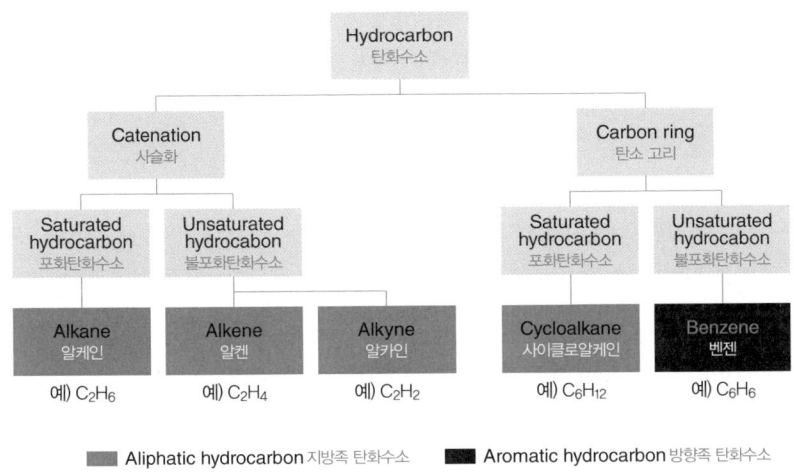

탄화수소의 분류

  Alkane은 가장 단순한 형태의 hydrocarbon으로 화학적으로 매우 stable(안정적)해서 reactivity(반응성)가 작다. 그리고 햇빛이 비치는 곳에서 halogen atom(할로겐 원자)과 substitution reaction(치환반응)을 한다.

  Saturated hydrocarbon의 general formula(일반식)는 C_nH_{2n+2}이다. Alkane은 carbon 간 single bond만으로 covalent bond(공유결합)를 하고 있으며, 구조적으로는 linear species(선 모양) 또는 branched species(가지를 친 모양)로 분류된다. 따라서 매우 stable한 상태를 띠기에 hydrogen보다 electronegativity(전기음성도)가 강한 halogen atom을 빼면 다른 atom과 거의 react(반응)하지 않는다. Halogen의 경우 hydrogen을 밀쳐내고 그 자리에 대신 들어가는 substitution(치환)의 형태로 carbon과 bond한다.

  또 linear species 또는 branched species이기에 polarity(극성)는 없고, 대신에 molecule(분자) 사이에 repulsive force(척력)가 작용한다. 참고로 repulsive force는 molecular mass(분자 질량)가 커짐에 따라 증가하고 이에

따라 자연히 boiling point(끓는점)와 melting point(녹는점)도 올라가고, 강한 polar solvent(극성 용매)인 water(물)에는 녹지 않는다.

$$CH_3-CH_2-CH_2-CH_3 \qquad CH_3-\underset{\underset{CH_3}{|}}{CH}-CH_3 \qquad CH_3-CH_2-CH_2-CH_2-CH_3$$

n-butane   iso-butane   n-pentane
노말뷰테인   이소뷰테인   노말펜테인

Cycloalkane은 alkane과 같이 single bond로 이뤄진 saturated hydrocarbon이다. 다만 alkane과 달리 구조상으로는 ring(고리) 모양을 띤다.

Cycloalkane 역시 single bond로 매우 stable하다. 즉 nonpolar molecule(무극성분자)이다. 따라서 molecular mass가 증가할수록 boiling point와 melting point도 올라가고 water에 녹지 않는다. 참고로 covalent bond의 가장 stable한 bond angle(결합각)이 109.5°인데, cycloalkane은 이에 가까운 bond angle을 가지고 있다.

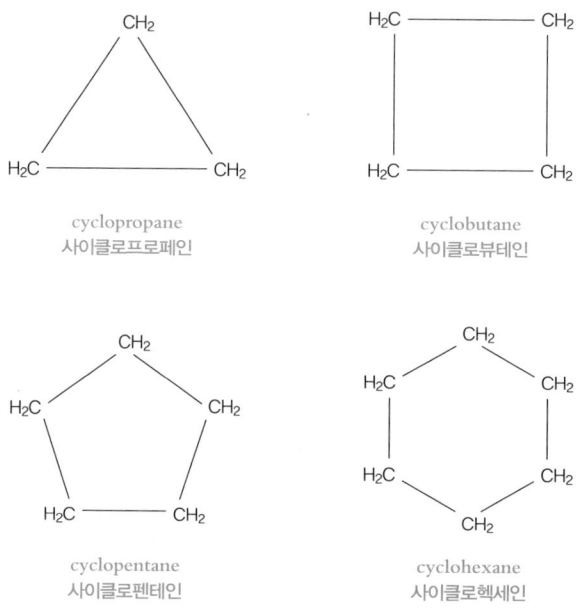

Alkene은 double bond로 이뤄진 unsaturated hydrocarbon이다. 따라서 reactivity가 커서 addition reaction(첨가반응), polymerization(중합반응)을 한다.

　Alkene은 unstable(불안정)한 bond를 이루고 있기에 외부에서 다른 chemical substance(화학물질)를 add(첨가)하면 그들과 함께 single bond를 이루는 reaction(반응)을 한다. 이러한 것을 addition reaction이라고 한다. 그리고 자신과 동일한 double bond를 한 이웃과 bond하여 polymer(중합체)를 이루는 reaction을 하는데, 이것을 polymerization이라고 한다. 참고로 alkene의 대표적 예인 ethylene(에틸렌)은 petrochemical industry(석유화학공업)에서 매우 중요하다. 특별히 많은 에너지를 가하지 않고도 우리가 필요로 하는 다양한 compound(화합물)를 만들 수 있기 때문이다. 다만 ethylene은 보통의 alkene과는 달리 nonpolar molecule이다.

$$\begin{array}{c}H\\|\\H\end{array}C=C\begin{array}{c}H\\|\\H\end{array} \; + \; Br_2 \; \longrightarrow \; H-\underset{|\;Br}{\overset{|\;H}{C}}-\underset{|\;Br}{\overset{|\;H}{C}}-H$$
(적갈색)　　　　　　　　(무색)

불완전한 결합을 하고 있으므로 브롬(Br_2)과 만나면 위와 같이 반응한다.

　Alkyne은 triple bond로 이뤄진 unsaturated hydrocarbon이다. 따라서 double bond를 하고 있는 alkene보다 reactivity가 더 크며 addition reaction, polymerization을 잘한다. Alkyne 중에서 특이하게 acetylene(아세틸렌)은 nonpolar molecule이다.

　Benzene은 ring 모양의 unsaturated hydrocarbon이다. 6개의 carbon이 ring 모양으로 모여 있는 상태에서 각각의 carbon에 hydrogen이 attach(붙다)되어 있다. 각 bond angle은 120°이다. 이러한 구조적 특성 때문에 double bond나 triple bond로 이뤄진 일반적인 unsaturated hydrocarbon과 다르게 carbon 간에 share(공유)된 electron pair(전자쌍)들이 어느

한쪽에도 치우치지 않고, share되지 않은 electron pair들은 아주 짧은 순간에 single bond와 double bond를 반복한다. 그래서 마치 1.5쌍의 electron pair를 share하고 있는 것처럼 느껴진다. 이렇다 보니 benzene의 carbon들은 8을 이루고 있지는 못하지만 겉보기에 7.5를 이룬 듯 보이며, 힘의 치우침이 없는 stable한 구조를 이루고 아주 약한 polarity를 띤다.

벤젠의 공명 구조

또 benzene은 stable한 구조 덕에 addition reaction보다는 substitution reaction을 잘한다. Benzene의 substitution reaction이란 기존의 chemical structure(화학적 구조)를 유지하면서 compound의 끝에 있는 것들이 다른 것으로 바뀌는 방식으로 이루어진다. Substitution reaction을 통해 만들어진 hydrocarbon에는 toluene(톨루엔), benzaldehyde(벤즈알데히드), benzoic acid(벤조산), phenol(페놀) 등이 있다. Benzene을 비롯해 이들 모두는 benzene ring(벤젠 고리) 또는 benzene derivative(벤젠 유도체)를 contain(포함)하고 있으며 총칭해서 aromatic hydrocarbon(방향족 탄화수소)이라고 한다.

톨루엔 → 벤즈알데히드 → 벤조산

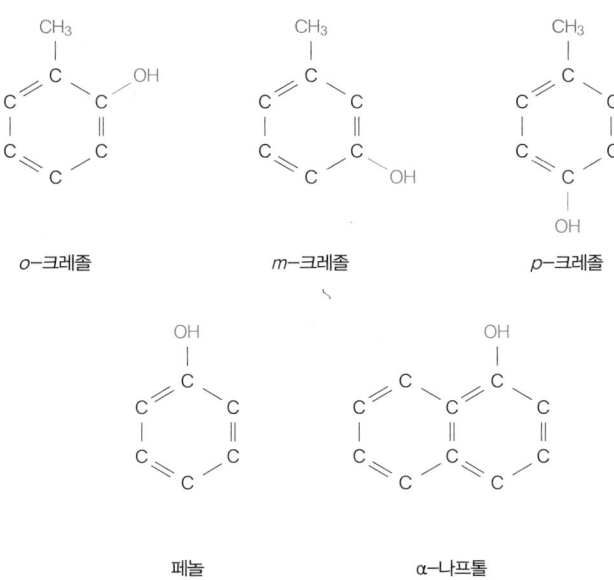

벤젠 이외의 방향족 탄화수소

reading chemistry

　　　　　炭化水素는 유기화합물로서 탄소가 기본 골격(backbone)을 이루며 수소와 결합되어 있다. 탄화수소에는 알케인, 알켄, 알카인 및 방향족 탄화수소가 있다. 탄화수소는 비교적 무극성이기 때문에 물에 녹지 않는다(insoluble in water).

　충분한 산소에서 연소될 때 이산화탄소(CO_2)와 물(H_2O)이 유일한(sole) 생성물이다. 탄화수소족 간의 구조적 차이는 IUPAC, 즉 국제 순수응용화학 연합에 의해 다음과 같이 분류된다(be classified).

포화탄화수소

　이들은 알케인으로 알려진 그룹을 형성하고 전부 다 단일결합으로 구성되어 (be composed of) 있다. 이들은 수소가 가득 찬(saturated with) 것으로 여겨진다. 메테인은 가장 단순한 형태의 알케인이다. 수소 원자들은 1개의 탄소 원자에 붙어(be attached to) 있다.

사이클로알케인

　사이클로알케인은 수소 원자가 부착된 탄소 고리를 하나 또는 그 이상 포함하고 있다.

불포화탄화수소

　이들은 흔히 이중결합을 가진 것들은 알켄이라고 불리고 삼중결합을 포함하는 것들은 알카인이라고 불린다.

Hydrocarbons are organic compounds that contain a Carbon backbone, called a Carbon skeleton, and have hydrogen attached. They include the Alkanes, Alkenes, Alkynes and Aromatic Hydrocarbons. Hydrocarbons are insoluble in water because they are relatively nonpolar.

Carbon Dioxide(CO_2) and water(H_2O) are their sole products when burned in sufficient oxygen. The structural differences among hydrocarbon families are classified by the IUPAC, or the International Union of Pure and Applied Chemistry, as follows;

Saturated hydrocarbons

These form the group known as the Alkanes and are composed entirely of a single bond. They are considered as saturated with hydrogen.

Methane is the simplest form of alkane. Hydrogen atoms are attached to 1 Carbon atom.

Cycloalkanes

Cycloalkanes are hydrocarbons containing one or more carbon rings to which hydrogen atoms are attached.

방향족 탄화수소

아렌으로 알려진 방향족 탄화수소는 탄소 원자들 또는 한 개 이상의 방향 고리 간에 번갈아 일어나는 이중결합과 단일결합을 갖고 있다. 석탄, 석유와 천연가스를 포함한 화석연료는 탄화수소의 주요 원천이다. 증류 과정을 통해 원하는 혼합물을 얻을 수 있다.

이러한 한 예는 가솔린인데, 이것은 끓는점에 도달할 때(대략 섭씨 40도에서 200도) 5에서 10개의 탄소 원자를 가진, 대부분 알케인으로 이루어져 응축된 증기를 생산한다.

탄화수소들은 현대 생활의 여러 가지 면에서 중요하다. 이들은 연소를 위한 연료로, 특히 난방과 자동차 연료에 사용된다. 이들은 또한 유기용매, 세제 및 운송 연료로 유용하다.

자동차 내연엔진, 트럭, 트랙터, 잔디 깎는 기계 등등에 쓰이는 가솔린은 옥테인과 관련된(relative to) 연소 특성에 의해 평가된다(be rated).

Unsaturated hydrocarbons

These are commonly called Alkenes, for those with double bonds, and Alkynes, for those containing triple bonds.

Aromatic hydrocarbons

Known as Arenes, aromatic hydrocarbons have alternating double and single bonds between carbon atoms or at least one Aromatic ring. Fossil fuels, including coal, petroleum and natural gas, are the primary sources of hydrocarbons. Through the process of distillation the desired mixture of compound can be obtained.

One such example is gasoline, which when reaches boiling point(at roughly between 40 to 200 degrees Celsius) produces a condensed vapor of mostly alkanes with 5 to 10 carbon atoms.

Hydrocarbons are important in many aspects of modern life. They are used as fuel for combustion, particularly in heating and motor fuel applications. They are also useful as organic solvents, cleaners, and transport fuels.

Gasoline for internal combustion engines in cars, trucks, tractors, lawnmowers, and so on, is rated by its combustion property relative to octane.

problem solving

문제1 그림 (A)는 알케인의 끓는점을, (B)는 알케인 1g을 완전 연소시키기 위해 필요한 산소량을 분자 내 탄소 원자 수에 따라 나타낸 것이다.

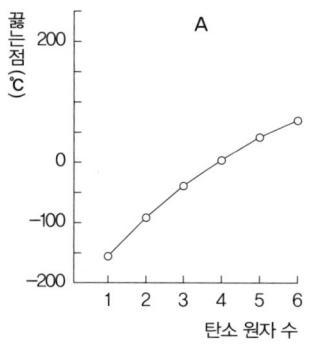
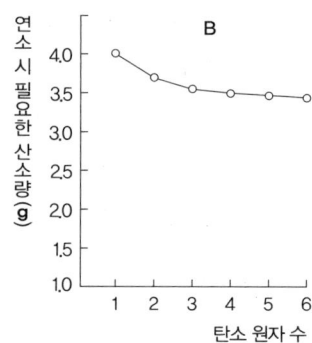

알케인의 분자 내 탄소 원자 수 증가에 따른 설명으로 옳은 것을 보기에서 모두 고르시오.

> a. 알케인의 분자 간 인력은 증가한다.
> b. 알케인 한 분자를 완전 연소시키는 데 필요한 산소 분자 수는 감소한다.
> c. 같은 질량의 알케인을 완전 연소시키는 데 필요한 산소의 질량은 감소한다.

Example 1 The picture (A) shows the boiling point of alkane and picture (B) shows the amount of oxygen needed for complete combustion of alkane 1g depend on the number of carbon atoms in the molecules.

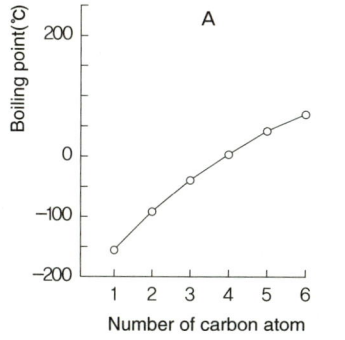
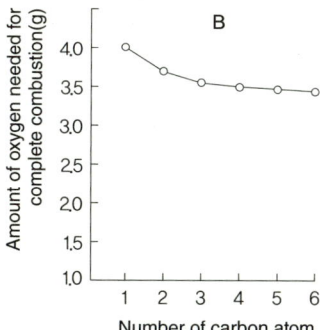

Choose all correct explanations about the increase of the number of carbon atom in alkane molecules.

a. The molecular attraction between alkane molecules increases.
b. The number of oxygen molecule needed for complete combustion of one alkane molecule decreases.
c. The total weight of oxygen needed for complete combustion of the same weight of alkane decreases.

문제2 다음은 화합물 A~D를 구분하기 위한 분류 과정이다. A~D는 프로페인, 프로펜, 사이클로헥세인, 벤젠 중 하나다. A~D에 대한 설명으로 옳은 것을 보기에서 모두 고르시오.

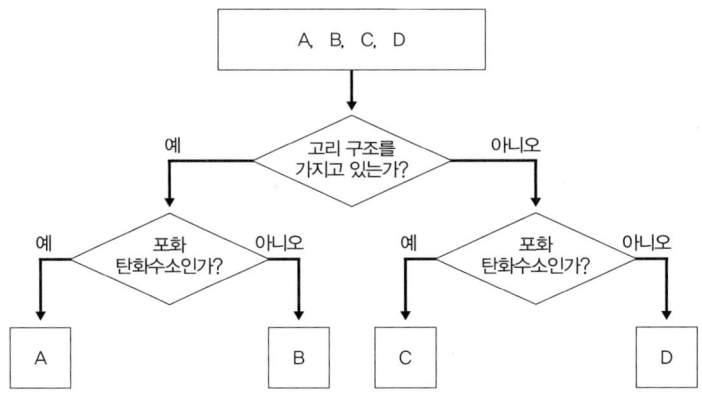

a. 탄소 원자 사이의 결합 길이는 A가 C보다 길다.
b. A의 분자량은 D의 2배이다.
c. B와 D는 평면 구조이다.

> **Example 2** The following is a categorizing process of compounds A to D. Each A~D is one of profane, propane, cyclohexene, or benzene. Choose all correct explanations about A~D.

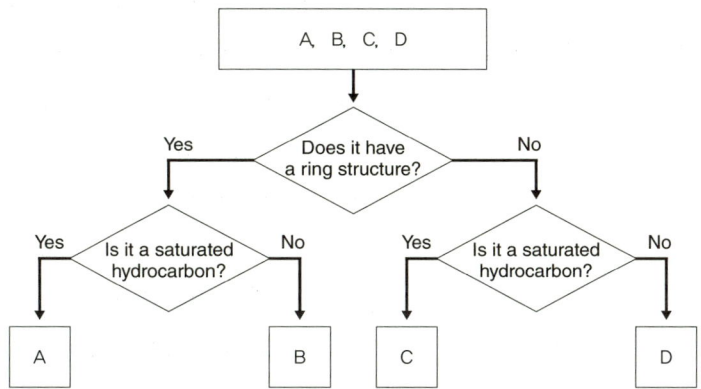

a. A has a longer covalent bond length than C.

b. Molecular weight of A is twice heavier than D.

c. B and D have planar structure.

문제3 다음은 프로펜과 사이클로헥세인의 구조식을 나타낸 것이다. 두 화합물을 비교하여 설명한 것으로 옳은 것을 보기에서 모두 고르시오.

프로펜

사이클로헥세인

a. 두 화합물 모두 탄소 원자와 수소 원자 수의 비는 1:2이다.
b. 프로펜과 사이클로헥세인의 분자의 상대적 질량비는 1:2이다.
c. 1g이 완전 연소되기 위해 필요한 산소의 양은 사이클로헥세인이 프로펜의 2배다.

➡해답 **1.** c **2.** b **3.** a, b

Example 3 The following is a structural formula of propane and cyclohexene. Choose all correct explanations comparing these two.

Propane

Cyclohexene

a. The ratio of carbon atom and hydrogen atom of both compounds is 1:2.

b. The relative mass ratio of propane molecule and cyclohexene molecule is 1:2.

c. The amount of oxygen needed for complete combustion for 1g of cyclohexene is twice more than for 1g of propane.

rest in chemistry

Hydrogen과 oxygen의 발견

사람들은 hydrogen과 oxygen을 어떻게 발견하였을까? 또 이들이 element(원소)라는 사실을 어떻게 알았을까?

Hydrogen을 처음 발견한 이는 영국의 화학자인 Henry Cavendish(헨리 캐번디시)이다. 그는 iron, zinc, tin(주석) 등의 metal에 묽은 hydrochloric acid(염산)나 sulfuric acid(황산)를 부어서 gas(기체)를 얻어냈다. 그리고 그 gas가 불에 잘 타는 property를 가지고 있다는 사실을 발견했다.

Oxygen은 스웨덴의 Carl Wilhelm Scheele(카를 빌헬름 셸레)가 처음 발견했다. 그는 air(공기)를 sulfurated potash(황화칼륨)와 접촉시키면 air의 약 4분의 1 정도가 sulfurated potash에 흡수된다는 것과 남은 air는 이전의 air보다 약간 가볍다는 사실을 발견하였다. 또 남은 air에서는 matter(물질)가 타지 않았다는 사실도 발견함으로써 air가 두 가지 gas의 mixture(혼합물)라는 사실을 알아냈다.

그로부터 2년 뒤 Joseph Priestly(조지프 프리스틀리)가 직경이 30cm나 되는 큰 렌즈로 mercuric oxide(산화수은)에 햇빛을 쪼여서 metallic mercury(금속수은)와 함께 gas를 만들어냈다. 그리고 이 gas에서 촛불이 맹렬히 타는 것도 관찰하였다. 그는 이 gas가 보통의 air에 비해 5~6배 정도로 combustion(연소)이 잘된다고 추정했다.

과학자들은 또한 compound를 이루는 일부의 constituent들은 어떤 화학적인 방법으로도 그것을 변형시킬 수 없다는 사실을 알게 되었다. 이러한 기본 matter들을 element라고 부른다. 반면에 water와 같이 두 가지 이상의 element로 separate(분리)할 수 있는 matter를 compound라고 한다.

Hydrocarbon은 어떻게 만들어졌을까?

우리가 매일같이 사용하는 oil(석유)과 gas를 이루는 주성분은 hydrocarbon이다. 수년 동안 과학자들은 그것이 어떻게 지구 내 깊은 곳에서 생성될 수 있는지에 대해 논쟁을 해왔다. 그리고 몇 년 전 Carnegie Institution(카네기연구소)에서 ethane과 heavier(더 무겁다)한 hydrocarbon이 upper mantle에서와 같은 pressure와 temperature에서 synthesize될 수 있다는 사실을 최초로 발견했다.

Methane(메테인)은 natural gas(천연가스)의 주요 constituent인 반면에 ethane은 petrochemistry(석유화학)의 feedstock(공급원료)으로 이용된다. 이러한 hydrocarbon은 모두 fuel(연료)과 관련이 있으며 단순한 구조의 single bond를 이루고 있으며 saturated hydrocarbon이다. Carnegie Institution의 연구진은 diamond anvil cell(다이아몬드 엔빌셀)과 laser heat source(레이저 열원)를 사용해 $1,300 \sim 2,240 F°$ 범위의 temperature와 atmospheric pressure(대기압)의 2만 배를 초과하는 pressure에서 이러한 methane을 최초로 form(만들어내다)한 것이다. 이것은 지구 내부 $40 \sim 95$ mile(마일) 깊이에서 관찰되는 조건을 모방한 것이다. Methane은 여러 chemical reaction을 거쳐 ethane, propane(프로페인), butane(뷰테인) 그리고 graphite(흑연) 등을 form한다. 이후 과학자들은 동일한 조건에서 ethane을 가지고 methane을 form하는 데 성공했으며, 이를 통해 heavier한 hydrocarbon이 더 깊은 곳에 존재할 수 있다는 사실을 제안했다.

A

absolute value 절대값
acetylene 아세틸렌
acid resistance 내산성
acid 산
actinides 악티늄원소
actinium 악티늄
add 첨가하다
addition reaction 첨가반응
air pressure 기압
air 공기, 대기
alchemist 연금술사
alchemy 연금술
aliphatic hydrocarbon 지방족 탄화수소
alkali metals group 알칼리금속 그룹
alkaline metal 알칼리금속
alkane 알케인
alkene 알켄
alkyne 알카인
allotrope 동소체
alloy 합금
alpha particle 알파 입자
alpha ray 알파선
aluminium 알루미늄
ammonia 암모니아
ammonium chloride 염화암모늄
amorphous carbon 무정형 탄소
amount 수량
amu 질량 단위
ancient atomic theory 고대 원자론

angular momentum 각운동량
angular momentum quantum number 각운동량 양자수
anion 음이온
applied science 응용과학
aqueous solution 수용액
arithmetic mean 산술평균
aromatic hydrocarbon 방향족 탄화수소
aromatic ring 방향 고리
arrange 배열하다
arrangement 배치, 배열
assign 배정하다
astatine 아스타틴
astronomical station 천체 운행
asymmetrical 비대칭적
asymmetry 비대칭성
atmosphere 대기
atom 원자
atomic group 원자단
atomic mass unit 원자 질량 단위
atomic mass 원자 질량
atomic model 원자 모델
atomic nucleus 원자핵
atomic number 원자번호
atomic orbital 원자 오비탈
atomic theory 원자론
atomic weight 원자량
atomism 원자론
attach 붙다
attract 끌어당기다
attraction 인력, 끌어당김

average 평균
Avogadro's hypothesis 아보가드로의 가설
Avogadro's number 아보가드로 수
azimuthal quantum number 방위 양자수

B

backbone 골격
balance 균형
balanced equation 균형(화학)방정식, 균형반응식
basic unit 기본 단위
be attached to ~에 부착되다
be changed into ~로 바뀌다
be composed of ~로 구성되다
be transformed into ~로 변형되다
benzaldehyde 벤즈알데히드
benzene derivative 벤젠 유도체
benzene ring 벤젠 고리
benzene 벤젠
benzoic acid 벤조산
benzoyl group 벤조일기
beta decay 베타 붕괴
beta ray 베타선
Big Bang 빅뱅
boiling point 끓는점
bond angle 결합각
bond polarity 결합 극성
Boyle's Law 보일의 법칙
brass 황동
bromine 브롬
bronze 청동
Brownian motion 브라운 운동
butane 뷰테인

C

caesium 세슘
calcium 칼슘
calx 석회석
carbohydrate 탄수화물
carbon atom 탄소 원자
carbon crystal 탄소 결정체
carbon monoxide 일산화탄소
carbon 탄소
carbon ring 탄소 고리
carbonate 탄산염
carbon-based compound 탄소 기반 화합물
catenation 사슬화
cation 양이온
chemical bond 화학결합
chemical cell 화학 전지
chemical change 화학적 변화
chemical chaos 화학적 혼돈
chemical compound 화합물
chemical energy 화학 에너지
chemical equation 화학반응식, 화학방정식
chemical equilibrium 화학평형
chemical formula 화학식
chemical method 화학적 방법
chemical phenomenon 화학적 현상
chemical property 화학적 성질
chemical reaction 화학반응
chemical substance 화학물질
chemical theory 화학 이론
chlorine 염소
circular orbit 원 궤도
classify 구별하다, 분류하다
cloud 구름, 군
coagulate 응고하다
coal 석탄

cobalt 코발트
coefficient 계수
combination 결합
combine 결합하다
combust 연소하다
combustion process 연소 과정
combustion 연소
composition 조성
compound of carbon 탄소화합물
compound 화합물
compress 압축하다
condensation 응집, 액화
condition 조건
conduct 전도하다
conduction electron 전도 전자
conductor 도체
consist 구성하다
constant 상수
constituent 구성요소
contain 포함하다
coolant 냉각수
copper sheet 구리판
copper 구리
corrosion resistant 내식성
covalent bond 공유결합
covalent compound 공유 화합물
crude oil 원유
crystal 결정
cycloalkane 사이클로알케인

delocalized electron 옮겨다니는 전자
density 밀도
deny 부정하다
depend 의존하다
destroy 파괴하다
determine 결정하다
deuterium 듀테륨, 중수소
diameter 직경
diamond 다이아몬드
diatomic gas 이원자 기체
diatomic molecule 이원자 분자
difference 차이
dilute 희석하다
dipole moment 쌍극자 모멘트
dipole 쌍극자
dipole-dipole interactions 쌍극자-쌍극자 상호작용
disintegration 분해
dismiss 일축하다, 묵살하다
disprove 반증하다
disseminate 전파하다
dissolution 용해
dissolve 녹다, 용해되다
distinguish 분간하다, 구별하다
distribution 분포
divide 나누다, 분리하다
double bond 이중결합
dry cell 건전지
dynamical system 역학 체계

D

deal with ~을 다루다
decay 붕괴하다
decompose 분해하다
degree of oxidation 산화 정도

E

earth 지구, 흙, 지각
electric charge 전하
electric conductor 전기 도체
electric dipole moment 전기쌍극자 모

멘트
electric energy 전기 에너지
electricity 전기
electrochemical reaction 전기화학적 반응
electrochemistry 전기화학
electrode 극, 전극
electrolysis phenomenon 전기분해 현상
electrolysis 전기분해
electrolyte 전해질
electron cloud 전자구름
electron configuration 전자 배치
electron pair 전자쌍
electron shell 전자껍질
electron 전자
electron's energy 전자의 에너지
electronegativity 전기음성도
electrostatic attraction 정전기적 인력
electrostatic generator 기전기
element symbol 원소기호
element 원소
elemental composition 원소 구성
emit 방출하다
empirical fomula 실험식
endothermic reaction 흡열 반응
energy 에너지
equally 균등하게
equation (화학)반응식, (화학)방적식
escape 탈피하다
ethane 에테인
ether 에테르
ethylene 에틸렌
even 균등한
exclude 배척하다
expand 팽창하다
experiment on electricity 전기 실험
experiment 실험

extraction 추출

F

ferrum 철
fine 미세한
fluid 유체
fluorine 플루오린
force of attraction 인력
force 힘
form 형성하다, 만들어내다
formula for the elixir 영약 조제법
forward reaction 정반응
fossil fuel 화석연료
frame structure 틀 구조
francium 프랑슘
free electron 자유 전자
freeze 얼리다
freezing point 어는점
friction 마찰
fuel 연료
function 함수
functional group 작용기

G

gallium 갈륨
gamma ray 감마선
gas chemistry 기체 화학
gas 기체
general formula 일반식
germanium 게르마늄
gold foil experiment 금박 실험
gold 금
gram-atom 그램-원자

gram-molecule 그램-분자
graphite 흑연
ground state 바닥 상태
group 기, 족

H

half-life 반감기
halogen atom 할로겐 원소
halogen 할로겐
halogens group 할로겐 그룹
Hamiltonian operator 해밀토니안 연산자
heat 가열하다
heavy hydrogen 중수소
heavy water 중수
helium nucleus 헬륨 핵
helium 헬륨
helium-3 헬륨3
high pressure 고압
high temperature 고온
hybrid orbital 혼성 오비탈
hydrocarbon 탄화수소
hydrochloric acid 염산
hydrogen atom 수소 원자
hydrogen bond 수소결합
hydrogen gas 수소 기체
hydrogen molecule 수소 분자
hydrogen peroxide 과산화수소
hydrogen 수소

I

ice 얼음
inanimate object 무생물

include 포함하다
indicator 지표
indigo 인디고
indium 인듐
inert gas 불활성 기체, 비활성 기체
inflammable gas 가연성 공기
inflammable material 가연성 물질
inorganic compound 무기화합물
inorganic matter 무기물
insulator 부도체
invent 발명하다
inverse proportion 반비례
iodine 아이오딘
ionic bond 이온결합
ionic compound 이온결합 화합물
iron 철
irregular 변칙적인
isobar 동중원소
isotope 동위원소
IUPAC(International Union of Pure and Applied) 국제순수 및 응용화학연맹

K

kalium 칼륨

L

lanthanides 란탄족원소
lattice structure 격자 구조
law of conservation of mass 질량 보존의 법칙
law of conservation of matter 물질 보존 법칙

law of constant proportion 일정 성분비의 법칙
law of gaseous reaction 기체 반응의 법칙
law of octaves 옥타브 법칙
layered structure 층상 구조
lead nitrate 질산납
lead 납
Lewis dot diagrams 루이스 점자식
Lewis structures 루이스 구조
life science 생명과학
light energy 빛에너지
light hydrogen 경수소
lipid 지질
liquid 액체
lithium 리튬
London dispersion force 런던 분산력
lone pair 고립전자쌍

M

macromolecular compound 고분자화합물
magnesium chloride 염화마그네슘
magnesium 마그네슘
magnetic field 자기장
magnetic quantum number 자기 양자수
main group element 전형원소
manganese dioxide 이산화망간
mass number 질량수
mass spectrometer 질량분광기
mass 질량
matter 물질
melting point 녹는점
mercuric oxide 산화수은
mercurous ion 수은 이온

mercury poisoning 수은 중독
mercury 수은
metal 금속
metallic bond 금속결합
metallic crystal 금속 결정
metallic element 금속원소
metallic mercury 금속수은
metalloid 준금속
metallurgy 야금술
methane 메테인
method of classifying the elements 원소 분류법
methyl alcohol 메틸알코올
mineral 광물
minimum amount 최솟값
minimum unit particle 최소단위 입자
minimum unit 최소단위
mixture 혼합물
modern chemistry 현대 화학
Mohs hardness 모스 경도
mole 몰
molecular formula 분자식
molecular hypothesis 분자설
molecular mass 분자 질량
molecular orbital theory 분자 오비탈 이론
molecular polarity 분자의 극성
molecular structure 분자 구조
molecular weight 분자량
molecule 분자
momentum 운동량
motion 운동
multipole moment 다극자 모멘트

N

natrium 나트륨

natural gas 천연가스
negative charge 음전하
negative electric charge 음전하
negative electricity 음전기
negative ion 음이온
negative pole 음극
neutron moderator 중성자 감속재
neutron 중성자
nickel 니켈
nitric oxide 산화질소
nitrogen 질소
nonmetal 비금속, 비금속원소
nonmetallicity 비금속성
nonpolar 무극성의
nonpolar bond 무극성결합
nonpolar molecule 무극성분자
normal state 표준 상태
nuclear fusion reaction 핵융합 반응
nuclear fusion 핵융합
nuclear reactor 원자로
nucleic acid 핵산
nucleon 핵자

O

observation 관찰
octet rule 옥텟 규칙
orbit 궤도, 궤도를 돌다
orbital 오비탈
organic chemistry 유기화학
organic compound 유기화합물
organic matter 유기물
organism 생명체, 유기체
osmose 삼투하다
osmosis 삼투성
outermost p-subshell 최외각 p-부껍질

outmost electron shell 최외각 전자껍질
oxidation state 산화 상태
oxidize 산화하다
oxygen 산소

P

particle 입자, 알갱이
period 주기
periodic table 주기율표
periodically 주기적으로
petrochemical industry 석유화학공업
petrochemistry 석유화학
petroleum 석유
pharmaceutics 제약학
phenol 페놀
phenomenon of life 생명 현상
philosopher's stone 현자의 돌
phlogiston theory 플로지스톤설
phosphorus 인
physical cell 물리적 전지
physical change 물리적인 변화
physical law 물리 법칙
physical property 물리적 성질
Planck constant 플랑크 상수
plastic 플라스틱
platinum 백금
polar bond 극성결합
polar covalent bond 극성공유결합
polar solvent 극성 용매
polarity 극성
polonium 폴로늄
polymer 중합체
polymerization 중합반응
position 자리 잡다, 위치

positive charge 양전하
positive electric charge 양전하
positive electricity 양전기
positive integer value 양의 정수 값
positive ion 양이온
positive pole 양극
potassium iodide 아이오딘화칼륨
potassium 칼륨
potential fuel 미래 연료
predictable 예측 가능한
preserve 보존하다
pressure 압력
principal quantum number 주양자수
probability 확률
produce 생성하다
product 생성물, 생성물질
propane 프로페인
property 성질, 특성
proportion 비
protein 단백질
protium 프로튬
proton 양성자
prove 증명하다
pure science 순수 과학

Q

qualitative analysis 정성 분석
quantitative relation 양적 관계
quantity 수량
quantization 양자화
quantum mechanical model 양자역학 모델
quantum mechanics 양자물리학, 양자역학
quantum number 양자수
quantum theory 양자론

R

radiation 방사선
radioactive decay 방사선 붕괴
radioactive element 방사성 원소
radium 라듐
radius 반지름
radon 라돈
ratio 비, 비율
react 반응하다
reactant 반응물, 반응물질
reaction equation 반응식, 화학반응식
reaction 반응
reactivity 반응성
rearrangement 재배열
refute 반박하다
regular tetrahedral structure 정사면체 구조
relative mass 상대적 질량
relative molecular mass 상대 분자 질량
repeat 반복하다
represent 나타내다
repulsive force 척력
research 연구
resistance 저항
reverse reaction 역반응
reversible reaction 가역반응
ring 고리
room temperature 실온
rotary motion 회전 운동
row 행
rubidium 루비듐
Russian Chemical Society 러시아화학협회

S

salt 염, 소금
saturated hydrocarbon 포화탄화수소
scanning tunneling microscope 주사터
   널현미경
Schrödinger equation 슈뢰딩거 방정식
scientific truth 과학적 진실
sea level 해수면
sediment 침전물
selenium 셀레늄
self-powered lighting device 자가 동력
   발광 장치
separate 나누다
separation 분리
shape 모양
share 공유하다
silex 규석
silicon 규소
silver 은
single bond 단일결합
single covalent bond 단일공유결합
single electron 홑전자
sodium chloride 염화나트륨
solid 고체
solubility 용해도
solution 용액, 수용액
solvent 용매
space 공간
spectral analysis 스펙트럼 분석
spectral line 스펙트럼선
spectroscope 분광기
spectroscopy 분광학
speculate on 추측하다
spherical coordinates 구면좌표
spin quantum number 스핀 양자수
stable 안정적인
standard deviation 표준편차
state 상태
steam 수증기
storage cell 축전지
strength 세기
structural formula 구조식
structural unit 구조 단위
subshell 부껍질
substance 물질
substitution reaction 치환반응
substitution 치환
suggest 제시하다
sulfur 황
sulfurated potash 황화칼륨
sulfuric acid 황산
sum 합
sunray 태양광선
surface tension 표면장력
symmetry 대칭성
synthesize 합성하다

T

tantalum 탄탈럼
tellurium 텔루륨
temperature 온도
tetravalent atom 4가원자
thallium 탈륨
theoretical chemistry 이론 화학
theory of evolution 진화론
theory of quantum mechanics 양자역
   학 이론
thermometer 온도계
thermostability 내열성
tin 주석
titanium 티타늄

toluene 톨루엔
toxicity 유독성
transformation 변환
transition element 전이원소
transitional 전이
triad 삼조원소
triple bond 삼중결합
tritium 트리튬, 삼중수소
tungsten 텅스텐

U

Uncertainty principle 불확정성 원리
uneven 불균등한
unsaturated hydrocarbon 불포화탄화
　수소
upper mantle 상부 맨틀
uranium atom 우라늄 원자
uranium ore 우라늄 광석
urea 요소
urine 오줌

V

vacuum 진공

valence electron 원자가전자
valence state 원자가 상태
vapor 증기
vector 벡터
voltage 전압
volume 부피

W

wave function 파동함수
wavelength 파장
weight 무게
white gold 백금
whole number 정수, 범자연수

Z

zinc sheet 아연판
zinc 아연
zinc-manganese battery 아연-망간
　전지
zinc-mercury battery 아연-수은 전지